U0110529

古代歷史文化 研究輯刊

二九編

王明蓀 主編

第 3 冊

中國帝王陵通考（下）

謝敏聰 著·攝影

國家圖書館出版品預行編目資料

中國帝王陵通考（下）／謝敏聰 著‧攝影 -- 初版 -- 新北市：
花木蘭文化事業有限公司，2023〔民112〕
目 8+166 面；19×26 公分
（古代歷史文化研究輯刊 二九編；第 3 冊）
ISBN 978-626-344-147-7（精裝）
1.CST：陵寢 2.CST：中國
618   111021676

ISBN-978-626-344-147-7

古代歷史文化研究輯刊
二九編 第三冊   ISBN：978-626-344-147-7

中國帝王陵通考（下）

作　　者　謝敏聰
攝　　影　謝敏聰
主　　編　王明蓀
總 編 輯　杜潔祥
副總編輯　楊嘉樂
編輯主任　許郁翎
編　　輯　張雅淋、潘玟靜　美術編輯　陳逸婷
出　　版　花木蘭文化事業有限公司
發 行 人　高小娟
聯絡地址　235 新北市中和區中安街七二號十三樓
　　　　　電話：02-2923-1455／傳真：02-2923-1452
網　　址　http://www.huamulan.tw 信箱 service@huamulans.com
印　　刷　普羅文化出版廣告事業
初　　版　2023 年 3 月
定　　價　二九編 23 冊（精裝）新台幣 70,000 元
版權所有‧請勿翻印

中國帝王陵通考（下）

謝敏聰　著・攝影

目 次

第十八章　宋代北方各國的陵寢

第一節　遼國陵寢

帝　系	姓　名	陵　名	陵　地
先　世			
	耶律勃突		勃突出下（在慶州）〔註1〕
肅祖	耶律耨里思		內蒙古自治區赤峰市巴林左旗哈達英格鄉。
懿祖	耶律薩剌德		內蒙古自治區赤峰市巴林左旗哈達英格鄉。
玄祖	耶律匀德實		內蒙古自治區赤峰市巴林左旗哈達英格鄉。
德祖	耶律撒拉的		內蒙古自治區赤峰市巴林左旗哈達英格鄉。
本　朝			
太祖	耶律阿保機	祖陵	內蒙古自治區赤峰市巴林左旗哈達英格鄉石房子村西祖山。
太宗	耶律德光	懷陵	內蒙古自治區赤峰市巴林右旗崗根蘇木床金溝。
世宗	耶律阮	顯陵	遼寧省錦州市北鎮市醫巫閭山龍崗子村。
穆宗	耶律璟	懷陵	內蒙古自治區赤峰市巴林右旗崗根蘇木床金溝。
景宗	耶律賢	乾陵	遼寧省錦州市北鎮市醫巫閭山龍崗子村。
聖宗	耶律隆緒	慶陵	內蒙古自治區赤峰市巴林右旗索博日嘎蘇木大興安嶺慶雲山南麓。
興宗	耶律宗真	慶陵	內蒙古自治區赤峰市巴林右旗索博日嘎蘇木大興安嶺慶雲山南麓。

〔註1〕遼國五代祖。

道宗	耶律洪基	慶陵	內蒙古自治區赤峰市巴林右旗索博日嘎蘇木大興安嶺慶雲山南麓。
天祚帝	耶律延禧		遼寧省錦州市北鎮市醫巫閭山龍崗子村。乾陵旁
嗣君追尊先世			
義宗	耶律倍		遼寧省錦州市北鎮市醫巫閭山。（遼世宗追尊其父）
欽順帝（章肅帝）	耶律李胡		玉峯山西谷。（遼聖宗、遼興宗追尊為皇帝）
順宗	耶律濬		玉峯山。（天祚帝追尊其父）
北　遼			
宣宗	耶律淳	永安陵	北京市海澱（甸）區香山蟾蜍峰附近。〔註2〕

　　遼代文物的研究，最大的困難為留存史料的文獻太少。換言之，即屬歷史的紀錄未盡詳備。此點在趙翼《廿二史劄記》關於遼史的評述中已論及。沈括曾云：「契丹書禁甚嚴，傳入中國者，法皆死。」〔註3〕

　　遼陵亦然，史書記載，語焉不詳，然近一百多年來（即迄今2023年）考古的探考與發掘，已能補部分之缺憾。從1910年代起，從事實際查考者有法人閔宣化（Jos. Mullie）及日人鳥居龍藏二位，其論文報告，閔宣化已著有《東蒙古遼代舊城探考記》（Les Anciennes Villes de l'empire des grands Leao au royaume Mongol de Barin）一冊，鳥居氏之論文也已收在《滿蒙之再探》一書中，至於華人於是項問題之探究，亦有金毓黻等所編《遼陵石刻集錄》一書，係遼帝后之哀冊，且於鳥居書中所記遼陵遺蹟者亦經節錄，綴於卷尾。鳥居龍藏可說窮其一生都致力於遼中京府、慶陵等地的遼代遺蹟的考古研究，撰有《契丹黑山黑嶺考》（《燕京學報》28期，1940年12月），等論文，其旅行日記《蒙古旅行》，也已由戴玥、鄭春穎譯出，由北京商務印書館，於2018年出版。1952年日本京都大學亦出版有大八開，田村實造、小林行雄編著的《慶陵》二巨冊，內有鳥居龍藏之女兒鳥居綠子摹寫之遼慶陵壁畫。2021年7月由李彥樸將《慶陵》譯成中文，李俊義校注，名為《慶陵：內蒙古遼代帝王陵及其壁畫的考古學調查報告》，內蒙古大學出版社出版。此書光翻譯耗時8年（2013～2021年）始克出版。

〔註2〕田樹藩：《西山名勝記》：「永安陵（俗稱遼王墳）為二丈長一丈寬之三石洞」，洞址今不可考。
〔註3〕宋・沈括：《夢溪筆談》，卷十五。

一、祖　州

在今內蒙古自治區赤峰市巴林左旗林東鎮西南 30 公里石房子。

祖州是耶律阿保機的高祖昭烈皇帝、曾祖莊敬皇帝、祖考簡獻皇帝、皇考宣簡皇帝所生之地，四代先人誕生地，故名。祖州是遼太祖的陵寢（祖陵）奉陵邑。隸弘義宮。州城：高二丈，無敵棚，幅員九里。門，東曰望京，南曰大夏，西曰液山，北曰興國。內城：西北隅有內城。殿曰兩明，曰二儀，曰黑龍，曰清秘。內南門曰興聖，凡三門。官署：州廨、諸官廨舍、綾錦院。街肆：東南橫街，四隅有樓對峙，下連市肆。山川：有祖山、龍門、黎谷、液山、液泉、白馬、獨石、天梯之山；水則南沙河、西液泉。太祖陵鑿山為殿，曰明殿。殿南嶺有膳堂。門曰黑龍。東偏有聖蹤殿，殿東有樓。祖山有太祖天皇帝廟。祖州城依山土築內、外城牆。外城平面呈不規則五邊形，周長 1750 公尺，設有四座城門和兩座水門。內城在外城西北部，平面呈長方形，長 280 公尺，寬 150 公尺，牆殘高約 3 公尺。內城西北隅有七塊巨大花崗岩石板支蓋的石頭房子，前有一門，應是一處祭祀場所。1988 年公佈為全國重點文物保護單位。〔註4〕

二、遼太祖陵

祖陵位於赤峰市巴林左旗哈達英格鄉石房子村大布拉格山谷中，谷門史稱「黑龍門」，今稱石門子。進入谷口，西、南兩山上有建築遺迹，從地勢看似為皇陵兆域。《遼史》記載：太祖陵「鑿山為殿」，殿南設「天膳堂」以備時祭。陵園外「東偏有聖蹤殿，立碑述太祖遊獵之事，殿東有樓，立碑，以紀太祖創業之功」。立碑處今存有龜趺（碑座）1 具，已無首，長 2.69 公尺，碑槽長 1.10 公尺。近年來於碑座處發現若干契丹大字殘片。

遼亡時，陵園內部遭金人破壞。據《契丹國志》記載，1120 年夏「金人破上京祖州之天膳堂，焚略殆盡，發掘金銀珠寶」。祖陵玄宮地址在何處，今尚難斷定。

祖陵山谷周長 20 餘華里，除葬耶律阿保機外，還祔葬太祖皇后述律氏。聖宗弟耶律隆慶孝文皇太弟，亦葬祖陵。〔註5〕

〔註4〕陳述：《遼會要》，卷十四、地理，頁 687～688。
〔註5〕編纂委員會：《巴林左旗志》，呼和浩特：內蒙古人民出版社，1996，頁 890；
　　　賈洲杰：〈內蒙古昭烏達盟遼太祖陵調查記〉，《考古》，1966 年第 5 期。

三、祖州石屋

　　遼祖州城西北部高台上，有一座遼代所建平頂石屋。用 7 塊巨石支蓋而成，前檐牆兩塊，左右山牆各 1 塊，屋頂 1 塊，屋內地下平置 1 塊。石屋面南背北，東西長 7 公尺，南北寬 5.3 公尺，高 3.6 公尺。前檐牆正中留有一門，門寬 1.4 公尺，高 1.95 公尺。門上為窗，窗寬 2.3 公尺，高 0.9 公尺。檐牆、山牆厚 0.4 公尺，頂蓋厚 0.75 公尺左右。石壁 4 角有鐵鍋連結的痕跡。緊靠北壁正中平置的石床，長 4.3 公尺，寬 2.5 公尺。此石屋當時做何用途，文獻無記載，中外學者亦推斷不一，當與遼太祖陵祭祀有關。是否為遼太祖暫時停遺體之處？

　　祖陵外的東側台地上，有多處遼代基址，其中以龜趺山建築基址最為重要。龜趺山建築基址位於祖陵和祖州城之間，處在從祖州通往祖陵的必經之路上。

　　龜趺山建築基址地勢較高，從這裡可以俯視祖州城的全貌。

　　龜趺山建築基址總面積約 200 多平方公尺。中心建築基址座北朝南，為土木結構，平面呈長方形，為面闊三間、進深兩間的建築。東西寬 13.53、南北進深 9.83 公尺。僅南側正中有一個門址，門寬約 4 公尺，門兩側各有一個柱礎殘坑，地栿痕跡尚存。

　　建築基址四周的土牆為土坯壘砌，內外均塗白灰面，殘存的土牆寬 1.25、殘高 0.55～0.7 公尺。建築內地面鋪有方磚。正中央有一長方形基址，南北長 4.86、東西寬 4.2 公尺，上鋪方磚，側面為長方形磚包砌。基座上為一個巨大的石龜趺，殘長 2.8、高 1.06 公尺，頭殘，面朝南，上有龜背紋，中部有一個碑槽，長 1.1、寬 0.45、深 0.55 公尺。其上石碑不存，石碑殘片散落在石龜趺週邊。龜趺基址的四角，各有一個方形柱礎殘坑，僅西側殘存一塊柱礎石。在土牆內有暗柱，其中東北角尚存經火燒毀的殘木柱。

　　中心建築牆外有長方形鋪地磚，外延達 4 公尺，應有廊道建築。建築利用自然地勢，在外擴約 4 公尺處，東、南、西三面建有石塊砌築的護牆，上部已破壞。石牆外地面有青磚鋪地，應為散水。與建築基址高差約 1 公尺。

　　根據對建築基址東西兩側的局部發掘資料可知，龜趺山建築基址兩側均有磚石混築的登山路。東側保存較好，平坦部分鋪長方形磚，台階部分用長石條或石塊壘砌。

　　龜趺山建築基址出土遺物主要是建築構件和殘碑片。建築構件有水晶構

件、變體蓮花紋瓦當、「王」字戳印板瓦、滴水等。

　　特別重要的是，考古工作者本次發掘獲得了大量的帶字殘碑片，有契丹大字和漢字兩類。從石料和字體看，這裡似乎不只一塊石碑。但是可以確定的是，石龜趺上的字碑，是用契丹大字和漢文雙面雕刻的雙語石碑。殘碑中提及「天贊五年」、「李胡王子」、「升天皇帝」等，還有遼太祖派兵與劉守文會盟北淖口、東征渤海國的內容。從字裡行間可以判定，此碑記錄了遼太祖耶律阿保機的功績。這與《遼史・地理志》記載的祖陵門外東側有聖蹤殿，「殿東有樓，立碑以紀太祖創業之功」基本相合。因此，可將此建築基址稱為「遼太祖紀功碑樓建築基址」。

　　本次考古發掘，是遼代祖陵陵園的第一次正式考古發掘。根據龜趺山建築基址提供的線索，首次從考古學上佐證了文獻所定的祖陵地望。這在一定程序上推進了遼代陵寢制度的考古學研究。「遼太祖紀功碑」兩種文字的整合和研究，具有很高的史料價值，如「天贊五年」等不見於《遼史》，在一定程度上增補了遼史的內容。同時雙文石碑對契丹大字的解讀也有重要的參考價值。〔註6〕

　　《契丹國志》載遼太祖葬木葉山，法國閔宣化神父考證這是錯誤的，應在祖山才是，支持這項考證的是《遼史・地理志》，即：「祖州天成軍有祖山，山有太祖廟，太祖陵鑿山為殿，曰明殿，門曰黑龍，東偏有聖蹤殿，立碑述太祖遊獵之事，殿東有樓，立碑以紀太祖創業之功，在州西五里。」但是即使遼史中亦難免有葬木葉山之誤，蓋當時修史時所用的材料不同，所以一書之中，記載各異。在將來考訂遼史所根據史料價值之前，應以地理志為較有據之史料。閔宣化言：「《契丹國志》以為太祖葬於木葉山，置祖州。太宗亦葬於木葉山，又於附近置懷州。顧木葉山在潢河及老哈河滙流之處，吾人知此處祇有永州。《遼史・景宗本紀》：『乾亨三年（980年）三月乙卯，皇子韓八卒。辛酉葬潢、土二河之間，置永州。』按遼代每陵設一州以衛之，木葉山一處，決無設祖、懷、永三州之理，《契丹國志》恐有誤也。《契丹國志》又云：『西樓在上京，南樓在木葉山。』其實西樓在上京西南四十里之祖州，則西樓在祖州不在永州明矣。總之，西樓應在上京之西或西南。然則設州於距陵地數百里之外，有是理歟？二陵之不在木葉山，不待辨而自明也。」

〔註6〕中國社會科學院考古研究所內蒙古第二工作隊、內蒙古文物考古研究所：〈內蒙古巴林左旗遼代祖陵考古發掘的新收穫〉，《考古》，2008年第2期。

　　明、清兩代於廣寧（今遼寧北鎮縣）中安堡望祭遼太祖，有人指稱此為遼陵所在，其實是錯誤的。

　　木葉山，契丹文專家劉鳳翥先生：「木葉山如以契丹語而言，乃大山之意。」〔註7〕

　　木葉山是遼代的神聖之山，是契丹人的祖山。遼朝每有軍國大事，皇帝都要告祭木葉山。《遼史・地理志》對五京道的名山大川都有記述，但卻將木葉山這一遼代的神聖之山遺漏，遂使木葉山成為一個難解之謎。尋找遼代木葉山所在，成為遼史研究中的一個重要課題，不少史家著文探討，但至今尚未有一個令人信服的結論。

　　木葉山之稱，除了《遼史》、《契丹國志》之外，宋代使遼詩、使遼語錄及宋代其它書籍中也有出現，即使在元、明、清時期典籍中仍有木葉山一名稱出現。

　　關於遼代木葉山及其所在、所指，現在有多種說法。陳永志先生在其〈關於木葉山的再考察〉一文中，歸納為主要有3種說法〔註8〕，現分別略述之。

　　（1）兩河交滙處說，認為木葉山位於潢河（今西拉木倫河）與土河（今老哈河）交滙處；傅樂煥先生推定木葉山應在西拉木倫河與老哈河會流的曼清廟附近；姜念思、馮永謙先生推定今巴林右旗白音查干公社布敦花村南的海金山為木葉山；楊樹森先生認為木葉山在老哈河的西南；韓國的金在滿先生以及《中國歷史地圖集》等亦將木葉山定在兩河交滙處。

　　（2）天山說。張柏忠斷定今阿魯科爾沁旗天山鎮南的天山即遼代的木葉山。

　　（3）遼太祖陵所在之山說。趙評春先生斷定木葉山就是遼太祖陵所在之山。陳永志先生的觀點與此基本相同，但其更具體地指明遼祖陵陵園「黑龍」門相對的「漫其嘎山」為遼代木葉山。

　　（4）葛華廷先生認為遼代的木葉山在今努魯兒虎山脈敖漢旗大黑山。〔註9〕

　　宿白先生認為：「木葉山為契丹始祖出生之地」。〔註10〕

〔註7〕《紀念陳述先生暨遼金西夏史學術研討會》宣讀論文後，劉鳳翥先生提言，1995年8月9日至10日。

〔註8〕陳永志：《關於木葉山的再考察》，載入中國古都學會、赤峰古都學會編：《中國古都研究》（十八）上冊，國際華文出版社，2001年5月版。

〔註9〕葛華廷：〈遼代木葉山之我見〉，《北方文物》，2006年第3期（總第87期）。

〔註10〕宿白：〈獨樂寺觀音閣與薊州玉田韓家〉，《文物》，1985年第7期。

契丹始祖廟所在之木葉山，當就是契丹男始祖「陰山七騎」所出之陰山。「木葉山」之「木葉」，有可能是契丹語「陰」或「青色」的發音。木葉山作為契丹始祖所出之地，亦有可能為其始祖所葬之處。「唯有死人的墳墓，總是神的發源地。……即使是在遠古時代，死人墳場同時也是神的殿堂」——德國著名唯物主義哲學家費爾巴哈如是說。木葉山引申為祖山或墳山即神聖之山的可能，也是存在的。〔註11〕

祖陵及奉陵邑示意圖

取自《中國文物地圖集·內蒙古自治區分冊》

四、遼太宗及穆宗的懷陵

懷陵是遼太宗耶律德光和穆宗耶律璟的陵墓。

據牟里（閔宣化）的考證：「在廓爾戈臺河，兩河源匯流之處，溯西北之河源上行，不久即見破碎磚瓦，轉角處，即見一坡，坡上留存古建築之蹟。地上之瓦，有寬二十四公分半者，其磚亦大於他處所用之磚，可見此處之建

〔註11〕孫偉祥：〈遼朝帝王陵寢組成問題初探〉，《黑龍江民族叢刊》，2015 年 1 期，總 144 期。

築物，非尋常建築物也。此大建築基址之西，又有一小建築基址，疑即太宗、穆宗二代之陵寢。《契丹國志》以穆宗所遊之赤山、黑山、太保山，在上京之東北，但據《遼史・地理志》，則明示在上京之西北，並證明懷陵在其間也。依牟里所探考之結果，證明《新五代史》及《契丹國志》太宗葬於木葉山之記載有誤如上述。喀僧阿馬北方之廢域，地處上京。〔註 12〕當即古之臨潢。又《清一統志》早載：「今巴林東北，當烏爾圖綽農河會和戈爾綽農河處，有波羅城址，內有三塔久毀，當即古之臨潢。」及慶陵之間，而陵之附近，合於記載之距離地方，實有宮殿之遺蹟。而其地在祖州西五十里，上京西南百里。懷州及懷陵，應在此處，必無疑也。」〔註 13〕

　　昭烏達盟文物工作站 1977 年對遼懷陵進行了調查，懷陵為太宗之陵寢，《遼史・地理志》懷州條下有云：「太宗崩，葬西山，曰懷陵……在（懷）州西二十里。」事實上，在懷州所在的巴林右旗崗根（過去稱崗崗廟）西二十里處，根本沒有任何陵墓跡象，因此懷陵一直沒有被發現。經過深入了解，是在崗根東北二十里即床金溝村東北的山谷中。馮永謙先生於 1979 年去昭烏達盟進行考古調查時，也曾去懷陵，在床金溝口和陵寢前方分別建有門址土墩和延伸於山上的土築牆垣，在陵寢地點見到建築基址、磚、瓦、和石柱礎等，四周高山險峻，峽谷幽深，風景絕佳，懷陵在此當無可疑。由此可證明《遼史》記載方位有誤。〔註 14〕

　　位於崗根蘇木床金嘎查。南距懷州城 3 公里。陵地東、北、南三面環山，僅西面有一谷口，隔床金河，依河西鳳凰山為屏障，總面積 25.5 平方公里。床金溝的環山為西向偏南，圍成狹長山谷地。山谷中部有同一走向的烏蘭山，西端末尾至溝口將陵區分為山前和山後兩區。前後區均有泉水流出，前區的泉水旺盛自成小溪，自東北向西南流出溝口，滙入床金河。床金溝底凹處直至陵門，均可見用不規則的山石（自然石塊）堆砌的圍牆痕跡。至溝口近北側懸崖下，有兩個高大土堆，相隔 9 公尺，土堆旁側有很多遼代磚瓦殘物。

〔註 12〕遼之上京，有人以為是將近千年來，無從尋覓的位置，經過法國的牟里（Mullie）神父，於 1910 年代，來中國實地探考、發現。現知為在今內蒙古自治區赤峰市巴林東北 140 里之波羅城。

〔註 13〕牟里著、馮承鈞譯：《東蒙古遼代舊城探考記》（Les anciennes villes de l'empire des grands Leao au royaume Mongol de Barin），台北：台灣商務印書館，1970 年，台一版，頁 67〜69。

〔註 14〕馮永謙：〈建國以來遼代考古的重要發現〉收入陳述主編：《遼金史論集（一）》，上海古籍出版社，1987 年，頁 302。

從溝門到溝腦約 7.5 公里。山前區有兩個居民村，懷陵在居民村東部向陽山坡及台地上。地表發現的建築遺址有柱礎，在居民村裡發現有牡丹花紋方磚和漢白玉蓮花紋柱礎。〔註15〕

　　20 世紀 70～80 年代，昭烏達盟工作站（今赤峰市博物館）對床金溝遼代墓葬及周邊相關遺址進行幾次調查，確認床金溝即是遼懷陵，並對地表顯著暴露的幾座墓葬進行了編號，本次發掘的墓葬編號就是依照這次調查編號順序排定的。陵園東西長約 5、南北寬約 2.5 公里。西側的溝口與床金河交滙處建有夯土門垛，門兩側建築石墻與山脊連接，周邊低凹、豁口處用石牆封堵。陵區中部有西南—東北走向的石牆，將陵區分為東、西兩部分。東北分佈有墓葬、祭殿基址，西南分佈有建築台基遺址。

　　4 號遼墓位於床金溝上營村東北約 1 公里的山前扇形台地上，地理座標為北緯 44°02'48"、東經 118°52'26"。墓葬北依險峻高山，南臨河谷川地，與對面山峰遙望，地理形勢優越。扇形台地北高南低，相對平緩，北邊坡地草木繁茂，南邊下坡多已辟為耕地，墓葬位於原生植被與耕地交界處。墓葬地表為一直徑7、深 1.5 公尺的巨大圓形凹坑，周圍約 200 平方公尺區域內，印紋、溝紋、網格紋、繩紋青磚及建築石礎散落地表。墓道南部約 120 公尺處見磚土結構長方型建築基址，長 17、寬 8、殘高 0.7 公尺，附近尚存殘損石刻建築構件、布紋瓦和其他燒製件築構件等，建築用磚與墓葬地表散見溝紋青磚一致。現將 4 號墓發掘情況簡報如下。

〔註15〕1990 年修《巴林右旗志》，呼和浩特：內蒙古人民出版社，第二十編，文化，1990 年，頁 546～547。

床金溝 M4 墓葬平，部面圖

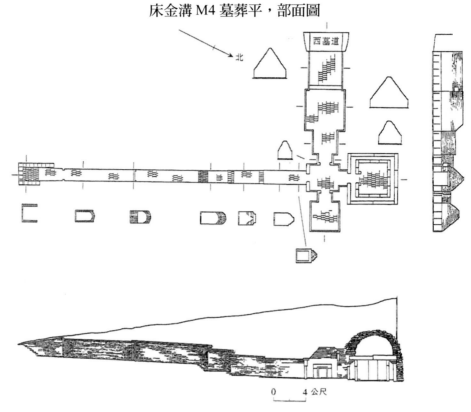

取自〈內蒙古巴林右旗床金溝4號遼墓發掘簡報〉，《文物》，2017年第9期。

床金溝 M4 墓　南墓道、前室、西側室透視圖

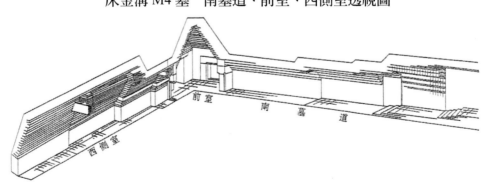

取自〈內蒙古巴林右旗床金溝4號遼墓發掘簡報〉，《文物》，2017年第9期。

床金溝 M4 墓　東側室，前室，後室透視圖

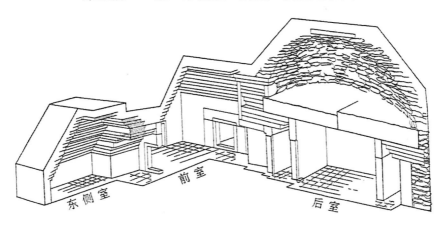

取自〈內蒙古巴林右旗床金溝 4 號遼墓發掘簡報〉，《文物》，2017 年第 9 期。

五、墓葬形制

墓葬為磚石結構雙墓道多室壁畫墓，由墓道、前室、東側室、西側室和後室組成，墓室之間由甬道銜接，全長 47.15 公尺，方向 154°。後室底部距地表 9.85 公尺。前室及東、西側室橫寬 21.7 公尺。疊砌時用紅色黏土勾縫。

墓道分南墓道和西墓道。

南墓道為磚石結構，兩壁垂直，內部沒有填塞物。全長 35.7 公尺，分為六段，前四段墓道為磚構，第一段頂部被破壞，結構不詳，其餘為拱頂。底部階梯、斜坡相間，用長 38、寬 19、厚 5 公分的長方形磚鋪底。第五、六段墓道為石構，疊澀頂，底部為斜坡。每一段墓道之間設置木門或封門牆，墓門已朽，僅餘門垛、門槽痕跡。墓道兩壁殘存白灰面，原繪製有壁畫。

《遼史》載：「太宗崩，葬西山，曰懷陵……後於其地建廟……穆宗被害，葬懷陵側，建鳳凰殿以奉焉。有清涼殿，為行幸避暑之所。」可見，陵區見有太宗、穆宗的陵墓、祭殿和其他皇室成員的墓葬。

遼太宗耶律德光於大同元年（947 年）九月葬於懷陵。遼穆宗耶律璟崩於應曆十九年（969 年），後祔葬懷陵。床金溝 4 號遼墓，雖多次遭盜掘破壞，壁畫殘毀，出土遺物亦少見，但根據墓葬形制和特徵，可以推定其年代。

從墓葬規模來看，暫以同時期墓主人身分明確的寶山 M1、M2、耶律羽之墓和駙馬贈衛國王墓做參考，對床金溝 M4 墓主人身分進行推測。床金溝 M4 較同時期貴族墓葬規模更為龐大，具備雙墓道，西側室為三進，通常 11.9 公

尺，是隨葬大型車馬具之所。

寶山 M1、M2 及耶律羽之墓、駙馬贈衛國王墓墓主或為先王後裔，或為王室貴族成員，身分高貴。與之比較，床金溝 M4 墓葬規模更為龐大，隨葬大型車馬器，壁畫內容亦更特殊、更複雜，另有大量金箔裝飾，墓葬等級顯然比上述幾座墓葬更高。鑒於此，M4 可能是太宗耶律德光的陵寢。〔註16〕

六、遼懷州遺址

位於崗根蘇木政府駐地，坐落於床金河和厚樸河匯流處的三角地帶，位於懷陵西南 3 公里。城址呈方形，正南走向。城牆邊長約 500 公尺，殘高 3 公尺，基寬約 10 公尺。牆為夯築，夯層約 12 公分。此城僅見南、北兩門，位於城牆正中。4 面角樓遺蹟可辨。城內現以滿佈民宅，隱見部分建築址廢墟。西城牆已被河水沖毀。城址北牆外，散布遼代磚瓦極多，且有遼代居住址夯土台基痕跡，城北 1 公里的後半山腰還有一處遼代大型寺廟遺址。

城東有懷陵，此城應是懷陵的奉陵邑。

懷陵及奉陵邑

地圖取自中國國家文物局、中國文物報社編：《中華文明遺蹟通覽——第五批全國重點文物保護單位》，頁 193，上海古籍出版社，2002 年。

〔註16〕內蒙古文物考古研究所：〈內蒙古巴林右旗床金溝 4 號遼墓發掘簡報〉，《文物》，2017 年第 9 期。

七、遼世宗顯陵、景宗乾陵

　　望海寺是閭山主峰，位於北鎮、義縣交界處。西距縣城 10 公里。由北鎮縣沿三道溝山間公路西行，過上坎子、董家、新立、桃園等村，盤過九曲山巒，即可達於峰頂。若由玉泉寺北山順山梁北行亦可到達。

　　登至絕頂，恍若身置雲端。遙望阜新曠野、遼河平原猶如綠綢展向天際。近處的大朝陽、碾盤溝兩個自然保護區的無邊樹海猶如茸茸草坪起伏連綿。腳下的合掌山、玉泉山、雞冠山諸峰爭奇鬥勝。

　　望海山東坡谷中山青水碧，上有古剎琉璃寺，下有雙泉寺。東丹王耶律倍死後葬谷中，號顯陵，世宗耶律阮死後也祔葬顯陵，景宗耶律賢葬於閭山之乾陵，遼天祚皇帝也葬於乾陵旁，附近還有后妃和王公的陵墓多處。因金代破壞，元、明、清各朝皆無文獻可證。直到 1970 年，龍崗村和新立村陸續發現了幾座遼墓，其中魏王耶律宗政、魯王耶律宗允的墓誌銘記事清楚，內容廣泛，是研究遼史和閭山歷史的珍貴資料。〔註 17〕

　　20 世紀 30 年代初，歷史學家金毓黻兩次深入醫巫閭山考察，寫出《東丹王陵考察記》。此後，考古學界對遼代帝陵的關注一直沒有間斷。「1961 年 5 月，北鎮縣上報在桃源村發現有墓，認為是遼陵，於是馮永謙前往當地調查，在該村醫巫閭山東麓山谷中，見有磚瓦遍地，顯露出皇陵的端倪。」馮永謙告訴記者，後來他又多次去北鎮，在龍崗子村山谷裡發現數十公分完整的綠琉璃釉大瓦，非常少見，這應是陵殿建築上的用物。

　　北鎮境內醫巫閭山山腳下、佔地 16 平方公里的顯陵和乾陵墓葬群。兩陵建立之初，分別設置了顯、乾二州，作為「奉陵邑」守衛兩座皇陵，如今的北鎮正是當年的顯州。

　　顯陵主要的皇陵有兩處，一處在富屯的琉璃寺，是遼太祖阿保機的長子耶律倍的陵墓；另一處是在富屯新立村的董家園子，包括耶律倍的兒子遼世宗耶律阮及其皇后、甄妃的合葬墓，以及三兒子平王耶律隆先、四兒子晉王耶律道隱的墓葬，被合稱為「新立墓葬」。乾陵位於富屯龍崗子村，當地人稱其為「大土包」，是遼景宗耶律賢和睿智皇后的合葬墓。而據史書記載，此陵區內還埋葬著景宗次子秦晉國王耶律隆慶及其妃蕭氏，耶律隆慶的長子、次子和三子，以及遼代最後一位皇帝天祚皇帝耶律延禧。此外，還有耶律隆運等遼朝名臣。

〔註 17〕1990 年修《北鎮縣志》，瀋陽：遼寧人民出版社，頁 120～121。

顯、乾二陵建於遼代的早期和中期，距今已有千年的歷史，陵寢延及的北鎮二道溝、三道溝和琉璃寺 30 平方公里區域內，還有數量眾多的墓葬和建築遺址。民間盜墓對二陵破壞嚴重，從墓葬中出土的殘磚片瓦看，二陵在形制上基本與內蒙古所發現的 3 處遼皇陵相同。〔註 18〕

北鎮的乾陵和顯陵也是《遼史》記載方位有誤，過去找不到陵墓的位置。1970 年，在北鎮縣龍崗子大隊發現遼耶律宗政、耶律宗允墓，宗政墓志載有「以其年（清寧八年）歲次壬演十月甲戌朔二十七日，備鹵簿之儀，歸葬於乾陵，祔祖宗之寢廟」，宗允墓誌載有「以咸雍元年四月十一日，備鹵薄鼓吹，陪葬於乾陵，祔孝貞皇太弟之塋」，出於宗政墓中的秦晉國妃墓誌又有「咸雍五年……有詔，於顯陵開魏國王玄堂而合祔焉」的話，由此可知耶律宗政等人為陪葬墓，而宗政、宗允是親兄弟。在同一地的墓葬中出土的墓誌，乾、顯二陵同時提到，並未明顯從陵域上加以區分，或許二陵相去不遠。同時，在龍崗子附近的山谷中，還發現許多建築基址和距有遼代特點的磚瓦等大量建築材料，其中琉璃瓦很多，瓦體巨大，一般少見。據此推測，其地即應是陵域，這為進一步確定陵寢的位置創造了條件。〔註 19〕

2013 年，遼寧省文物考古研究所向國家文物局提交了《醫巫閭山遼代遺址考古工作計畫（2014～2018 年）》，並得到國家文物局批准，至此，醫巫閭山遼代遺址考古成為國家級重大考古項目。2015 年，遼寧先後啟動了洪家街遼代墓地、新立遼代建築遺址考古發掘等工作，並取得初步的成果。

位於北鎮市富屯街道新立村的新立遼代建築遺址是一個經過精心規劃、面積龐大、結構複雜的建築群落，可以分為多組單體建築。所發現的遺物多為建築構件，其中屋頂所用的建築構件幾乎全為綠色琉璃件，胎體細膩，燒造溫度高，堅硬結實，裝飾風格統一。

洪家街遼代墓地位於北鎮市富屯街道富屯村洪家街村民組西，在已經發掘的墓葬中，出土隨葬品有銅器、鐵器、金銀器、漆木器、琉璃器、琥珀、蜜蠟、水晶製品及墓誌殘塊。另一座墓葬規模較大，建築精緻，並有墓誌銘，確認墓主人為皇族耶律氏，下葬年代為遼道宗壽昌二年（1096 年），該墓應為權

〔註 18〕中國地理百科叢書編委會編著，林穎、李麗撰：《薊遼走廊》，世界圖書出版廣東有限公司，2015 年，頁 136～137。

〔註 19〕馮永謙：〈建國以來遼代考古的重要發現〉，收入陳述主編《遼金史論集（一）》上海古籍出版社，1987 年，頁 302。

臣韓德讓家族墓的陪葬墓。

「通常來說，遼代帝陵至少包含五個基本要素：一是陵穴、即帝王玄宮；二是陵門，即陵園大門；三是殿址，即地上建築群；四是陪葬墓，即宗室、重臣的墓地；五是奉陵邑。」遼寧省文物考古研究所第二考古研究部主任萬雄飛說，「截至目前，考古隊在醫巫閭山地區已經發現了五個要素中的兩個，即陪葬墓和殿址。」〔註20〕

洪家街墓地位於遼寧省北鎮市富屯街道洪家街村民組西北的山坡上，距離北鎮市區約 5 公里。2015～2017 年，經國家文物局批准，遼寧省文物考古研究所會同錦州市文物考古研究所、北鎮市文物處對墓地進行了考古勘探和發掘，共發掘 4 座墓葬（M1-4）。這裡地處醫巫閭山中段東麓的三道溝溝口，西南 500 公尺處即為小河北墓地，三道溝內還發現了新立、偏坡寺、駱駝峰等遼代遺址〔註21〕，並與二道溝的龍崗墓地遙相呼應。其西北倚靠一座小山峰，當地人稱「黑石砬子」，該山峰向東南和西南各延伸一個小山梁，圍成一個簸箕形的小山坳。墓地東南方向約 500 公尺有一條季節性小河。

洪家街墓地已發掘的墓葬共出土墓誌三合，由誌文可知這裡為遼代著名大臣韓德讓的家族墓地，其中 M2 的資料已經發表。M4 雖被盜掘嚴重，仍出土較多遺物。

洪家街 M4 甬道內出土的石墓誌，是本次發掘最重要的收穫之一。誌石保存完好，誌蓋四腳略殘，盝頂中間豎刻兩行六字篆書「文忠王墓誌銘」。據誌文可知，M4 的墓主為遼代大丞相耶律隆運。誌文稱「本姓韓氏，初名德讓，其先昌黎人也」。韓德讓於統和二十九年（公元 1011 年）三月歿於行在，十一月下葬，享年七十一歲。

韓德讓是遼代著名人物，《遼史》、《契丹國志》皆有其傳記。

墓誌共有 2900 餘字，記述了韓德讓的仕宦經歷和主要戰功，有關內容與《遼史》等文獻進行比照，大多吻合，同時又補充了很多新資料。此墓墓誌的出土，對於遼史及宋遼關係等方面的研究具有重要價值。

韓德讓墓的考古發掘，對於醫巫閭山遼代帝陵的佈局研究有重要意義，尤其為確定遼乾陵玄宮的位置提供了可靠的參考座標。韓德讓墓誌的出土，證實

〔註20〕畢玉才、劉勇：〈遼寧醫巫閭山遼代遺址考古取得初步成果〉，《光明日報》，2016 年 2 月 16 日。

〔註21〕張克舉：《北遼龍崗遼墓》，見《遼寧考古文集》（二），遼寧民族出版社，2003 年。

了北鎮洪家街墓地就是遼代大丞相韓德讓的家族墓地，是遼乾陵的重要陪葬墓地。它與相鄰的小河北墓地及二道溝龍崗墓地，均為醫巫閭山遼代帝陵最重要的陪葬墓群。

韓德讓墓誌中兩次提到該墓與遼乾陵的位置關係。誌文開始稱該墓「陪葬於乾陵之側」，這與《遼史·耶律隆運傳》所載「賜田宅及陪葬地」「建廟乾陵側」，以及《契丹國志·耶律隆運傳》記載「葬乾陵側」基本吻合。誌文結尾進一步指出該墓「陪葬於乾陵之乙地」，「乙」是用天干代指方位，為東方，由此可知遼乾陵玄宮應位於韓德讓墓的西部。

韓德讓墓為四室磚室墓，前室為方形，主室及兩側耳室皆為圓形，墓葬形制與其父韓匡嗣墓基本相同，代表了這一時期契丹高等級貴族墓葬的特點。韓德讓墓的墓道後端開始出現車馬出行圖，但壁畫主要集中在墓室之內，如前室、甬道和耳室四壁。韓德讓墓的前室和甬道地面繪有精美的地畫，這在遼代墓葬中較為罕見。〔註22〕

在遼代帝陵方面，遼代營建的五處帝陵遺址進行了最新的考古成果報導。這是首次集中公佈五處遼陵的考古資料，將會極大推進遼代陵寢制度的考古和歷史研究。位於赤峰市的祖陵、懷陵、慶陵及其奉陵邑是遼代最重要的皇家墓區，永昕群介紹了這三處遼陵的考古調查工作和遺址分布、保存現狀，並對各陵布局進行了初步研究。其中，慶陵的部分出土文物現藏於遼寧省博物館，主要包括哀冊、壁畫殘片、磚瓦建築構件、木器等。劉寧、孫力介紹了這批館藏文物的保存情況及高光譜成像技術研究成果。顯、乾二陵位於北鎮市醫巫閭山，2012～2013年進行考古調查工作。萬雄飛指出，醫巫閭山二道溝的遺址群以琉璃寺遺址為中心，三道溝的遺址群以偏坡寺遺址為中心，二者各自構成有機整體，這為確定顯陵、乾陵的位置提供了重要線索。在考古工作的基礎上，劉毅結合文獻對遼代帝陵的選址、佈局及其反映的制度進行探討，提出以遼為代表的北方少數民族對帝王陵墓制度在明清的最後定型產生了很大影響。相比而言，遼祖陵遺址考古工作最多，為其他遼代帝陵考古發掘和研究累積了較為豐富的經驗。〔註23〕

〔註22〕 遼寧省文物考古研究所等：〈遼寧北鎮市遼代韓德讓墓的發掘簡報〉，《考古》，2020年第4期。

〔註23〕 〈東亞都城和帝陵考古與契丹遼文化國際學術研究會總結報告〉，2013年8月25日。

八、遼慶陵

慶陵位於內蒙古巴林右旗索博日嘎蘇木駐地北約十五公里的瓦林烏拉山地狹谷中，當地人稱「王墳溝」。四周大山環繞，瓦林烏拉（遼代稱慶雲山）如一道屏障成東西向橫亘，在山的南坡空兀而起的三個山峰，怪石嶙峋，直插雲天。三座皇陵就位於慶雲山南坡，由東向西排列著聖宗永慶陵、興宗永興陵、道宗永福陵組成的陵園建築群。這裡草木茂盛，環境幽雅，野獸眾多，是遼代帝皇遊獵地。這三座帝后合葬的陵墓，按三座陵墓位置人們又稱為東陵、中陵、西陵，陵園規模宏大。陵寢建造豪華，陵葬器物重多。遼末金初、後經軍閥和日本人盜掘破壞，陵室殘亂不堪，隨葬文物幾乎被洗劫一空。慶陵哀冊，幾經周折，方得以完整保存下來，現藏於遼寧省博物館。

聖宗永慶陵即東陵位於陵園的最佳位置，《遼史・地理志》載：遼代第六位皇帝聖宗耶律隆緒駐蹕慶雲山時說，他死後應當埋葬於此。陵在山谷三公里半的山腰中，陵門尚存在，慶雲山下築有通往陵園的神道，山腳築有陵門。從陵門到陵墓，長 1300 公尺，寬 3 公尺的神道，神道兩側有望仙殿、御容殿等建築遺址。永慶陵有七室，即前、中、後三正室，前室東西側室，中室東西兩側，以後室為主室。前室平面為長方形，券頂，其餘各室均為圓形，穹隆頂。陵寢由三層大青磚疊砌，內抹白灰，地面略向南傾，平鋪打磨平整的方磚，下有排水系統。主室內有柏木組建的巨大椁室，各室間有通道相連，安有柏木大門，門樓用雕磚砌成，瓦壟起伏，鴟吻高翹，通體彩繪。現在陵內尚保存有較完好的壁畫、文官武士叉手而立，表情肅穆，色彩凝重。藻井、墓頂描龍畫風、牡丹盛開，用色艷麗。中室的四幅巨大的山水畫，清新淡雅，畫技高超，描繪了遼腹地的春、夏、秋、冬四季風光，構圖嚴謹，鳥獸形象生動，應是描繪契丹皇室四季捺鉢之所在地的景色，這些壁畫是極其罕見的遼代繪畫品，使這座地下宮殿色彩紛顯，更加富麗堂皇。〔註24〕永興陵即中陵，位於永慶陵之西六百多公尺，陵園的地勢和建築物與東陵相同，現存神道、陵門、祭殿、膳堂等遺址。墓室規模大於東陵，前、中、後三個正室，四個側室，以後室為主室，墓室前為十字形甬道。各室平面為八角形，曾出土過興宗和仁懿皇后哀冊。

永福陵即西陵，位於永興陵之西約一千四百公尺，陵園建築相同東陵。現存神道、陵門和祭殿遺址，墓室形同中陵。墓室前為十字行通道，各室平面呈

〔註24〕田村實造、小林行雄：《慶陵》，日本京都大學文學部，1952 年。

八角形，規模大於中陵。墓內有壁畫殘存遺址。曾出土過道宗、宣懿皇后契丹文、漢文哀冊。

牟里亦發現之哀冊石刻凡二，即為遼興宗帝后二哀冊，皆契丹國書也。而漢文哀冊，即未之見。〔註25〕

慶陵建築時遼朝礎於經濟雄厚，鼎盛時期，建造豪華，陪葬物品極多。墓中牆壁繪有大量繪畫、東陵壁畫尤為壯觀，有契丹人物，契丹建築裝飾紋，契丹族喜愛的四季山水畫，表現出北國景色，與契丹人生活感情密切相關的情景。墓中出土保存完好，分別用契丹文、漢文鐫刻的帝王、皇后哀冊，為研究契丹文字提供了寶貴的實物資料，遼代墓葬是古代建築中的重要組成部分之一，也是古代墓葬營建的精華。慶陵對研究遼代墓葬、古建築具有重要價值。慶雲山綺麗的自然風光能迎來四面八方的瀏覽者。台灣著名學者趙振績先生說「遼慶陵山形水勢異常秀美，文化遺存基本完整，完全有條件修復一處遼代皇家陵園博物館」。〔註26〕

慶州城，是遼代極盛時期的重要州城，是慶陵的奉陵邑。金滅遼後，初時仍稱為慶州，天會八年（1130年）改為奉州。皇統三年（1143年）以後逐漸荒廢。近代曾遭帝國主義和封建軍閥的盜掘破壞。1949年後方得以保護，成為內蒙古自治區重點文物保護單位。1988年1月又與慶陵一起被中國國務院確定為國家級重點文物保護單位。

遼代慶州遺址：位於索博日嘎蘇木駐地東北查干沐淪河的沖積平原上，東距查干沐淪河約1.3公里。城由內城和外城組成，平面呈「回」字形，正南向。外城南北長1700公尺，東西寬1550公尺，城牆大部分已不存遺蹟，北城牆成土埂，門址不清。內城南北長1150公尺，東西寬950公尺，設有東、南、西、北四門。門寬近20公尺，並有南北長30公尺、東西寬22公尺的近方形甕城。城牆夯築，城牆殘高為4公尺至4.25公尺不等，城牆外幫每隔100公尺至110公尺，建有突出城外的馬面。城牆基寬約10.25公尺。在內城的東北角，利用東、北城牆，又加築西、南兩牆。形成一個南北長400公尺，東西寬300公尺的小城，在南牆中部設一門，因其南牆疊壓在遼代遺址外，應為金代的奉州遺址。城內建築遺址清晰可辨，有環繞建築群的流水

〔註25〕參看金毓黻：《中國史學史》，台北：台灣商務印書館，頁289。
〔註26〕1993年，趙振績教授與敏聰等考察隊一同考察遼慶陵，趙振績教授發言；2005～2006年，巴林右旗政府綱。

溝河人工池塘的遺蹟，東南還有玲瓏石崖，當為園林建築的組成部分，城之南部有大街、東西兩門之間有橫街的遺蹟。內城西北部，有一座高達 60 餘公尺的樓閣式磚塔，名釋迦如來舍利塔。塔的 4 周有圍牆和建築遺址。〔註 27〕

九、遼代慶州釋迦佛舍利塔

　　釋迦佛舍利塔座落於慶州內城中的西北隅。為八角七層空心樓閣式磚塔，保存較為完好。塔高 71 公尺，通體塗白，民間稱白塔。塔下正南與塔座平齊處，有一座覆鉢式小磚塔，為清代建築。

　　塔分八面，第一層的邊長為 12.2 公尺，塔座呈八角，素面無紋，塔座上有 1 公尺高的仰蓮紋帶，上為塔身。塔身自第二層起逐漸內收，每層設腰檐平座和木圍欄。塔的東、南、西、北四面都設有拱狀頂的木門，門兩側有磚雕金剛力士，門上浮雕行龍圖案。未設門的四個面，除浮雕有大象、飛天、迦陵頻迦外，還設有磚刻漢白玉刻漢字 84 個經幢。塔的面和角均有磚雕圓柱和各種輔作。塔頂的 8 條脊前設有銅人銅凰，正中有一由寶瓶、相輪、寶珠組成的鎏金塔剎。塔身嵌飾菱形和圓形銅鏡 828 塊。

　　塔內每層都起券頂，磚券頂上橫放直徑 40 公分的柏木，其上用磚座砌厚達 1.3 公尺的隔層。塔建碑記載，此塔始建於遼重熙十六年（1047 年），竣工於遼重熙十八年（1049 年）。〔註 28〕

　　民國十九、二十年間，熱河省主席湯玉麟，有發掘遼陵之事。獲哀冊石刻，凡十七石，運存瀋陽之居第。湯氏所發現者，為聖宗及仁懿皇后、欽愛皇后漢文哀冊，又道宗帝后漢文及契丹國書兩種哀冊，契丹國書之二石皆五、六百字，多可以與郎君行記石刻〔註 29〕，互相印證。〔註 30〕

　　東北屢次發現遼之宗室哀冊，有漢文及契丹文並立，此亦可助吾等研究契丹國史。按遼之制，是二部互婚制，凡姓耶律者必娶蕭氏女子為皇后，反之姓蕭氏亦必與耶律聯婚，故耶律氏為帝則蕭氏永為宰相，此為研究遼史時常見之現象，而現據宗室哀冊更能證此為當時之普遍現象。〔註 31〕

〔註 27〕1990 年修《巴林右旗志》，呼和浩特：內蒙古人民出版社，頁 546～547。
〔註 28〕《第 1 屆中國北方古代文化國際學術研討會資料》，1993 年 8 月。
〔註 29〕元人趙崡石墨鐫華，著錄之〈乾州大金皇弟郎君行記〉，名為女真文，實則近於契丹國書之石刻也。
〔註 30〕本段參看金毓黻：《中國史學史》，台北：台灣商務印書館，頁 289。
〔註 31〕詳看李宗侗著：《史學概要》，台北：正中書局，1972 年，頁 327。

遼慶陵出土頗多捺鉢文化的壁畫—即四季山水畫，可以看出遼代的政治特色為「捺鉢政治」—即遼帝四時各有遊牧之所，成為「捺鉢」，國家大政皆決定於捺鉢，而不出於五京，所以捺鉢實為遼政所出。春捺鉢在長春州（吉林農安縣北），每到春天遼主弋獵於此。夏捺鉢，無所常。大致在吐兒山、子河及西山（地在今內蒙古自治區及遼寧省境），夏季為遼帝議政的季節。秋捺鉢在於伏虎林（內蒙古自治區赤峰市境老哈河會潢河處西北五十里），以射虎為主。多捺鉢在暖平澱或稱白馬澱（內蒙古自治區赤峰市境老哈河會潢河處東南三十里），距秋捺鉢甚近，地平坦，多砂磧，木多榆柳，冬月甚暖，遼主常在此地避冬、議政及接見宋、夏、高麗使臣，天暖時則外出校獵講武。〔註32〕

遼帝陵仿唐「因山治陵」，〔敏聰按〕：1993 年，趙振績教授與敏聰參加《第一屆中國北方文化國際學術研討會》，在慶陵陵區即仍看到綠色瓦殘片。

遼代祖陵、懷陵、慶陵及其陵的奉陵邑，閔宣化所著《東蒙古遼代舊城探考記》（1922 年原載《通報》，1927 年馮承鈞中譯）與 20、21 世紀之交，新編方志所載大致相同，蓋新編方志乃依循參考閔宣化的考察基礎加以整理而成。

第二節 西夏陵寢

帝 系	姓 名	陵 名	陵 地
先 世			
太祖	李繼遷	裕陵	寧夏回族自治區銀川市西夏區賀蘭山平羌堡西北 2.5 公里。（考古勘測，編為四號陵）。
太宗	李德明	嘉陵	寧夏回族自治區銀川市西夏區賀蘭山平羌堡西北 2.5 公里。（考古勘測，編為六號陵）。
本 朝			
景宗	李元昊	泰陵	寧夏回族自治區銀川市西夏區賀蘭山平羌堡西北 2.5 公里。（考古勘測，編為三號陵）。

〔註32〕 《遼史·營衛志》：「遼國盡有大漠，浸包長城之境，因宜為治，秋冬違寒，春夏避暑。隨水草，就畋漁，歲以為常。四時各有行在之所，謂之捺鉢。」又《文昌雜錄》：「契丹謂住處曰捺鉢，四時皆然，如春捺鉢之類也。」朱有燉《宮詞》：「捺鉢北來天氣冷，只宜栽種牡丹花。」又可參看林瑞翰著：《中國通史》，台北：三民書局，1969 年。

毅宗	李諒祚	安陵	寧夏回族自治區銀川市西夏區賀蘭山平羌堡西北 2.5 公里。（考古勘測，編為八號陵）。
惠宗	李秉常	獻陵	寧夏回族自治區銀川市西夏區賀蘭山平羌堡西北 2.5 公里。（考古勘測，編為九號陵）。
崇宗	李乾順	顯陵	寧夏回族自治區銀川市西夏區賀蘭山平羌堡西北 2.5 公里。（考古勘測，編為五號陵）。
仁宗	李仁孝	壽陵	寧夏回族自治區銀川市西夏區賀蘭山平羌堡西北 2.5 公里。（考古勘測，編為七號陵）。
桓宗	李純佑	莊陵	寧夏回族自治區銀川市西夏區賀蘭山平羌堡西北 2.5 公里。（考古勘測，編為一號陵）。
襄宗	李安全	康陵	寧夏回族自治區銀川市西夏區賀蘭山平羌堡西北 2.5 公里。（考古勘測，編為二號陵）。
神宗	李遵頊		寧夏回族自治區銀川市西夏區賀蘭山平羌堡西北 2.5 公里。（考古勘測，編為十號陵）。
獻宗	李德旺		寧夏回族自治區銀川市西夏區賀蘭山平羌堡西北 2.5 公里。（考古勘測，編為十號陵，與神宗合葬一陵）。
末帝	李睍		

明代《嘉靖寧夏新志》：「李王墓，賀蘭山之東，數塚巍然，即偽夏所謂嘉、裕諸陵是也。」

西夏王陵，位於銀川市城區以西 35 公里的賀蘭山東麓。陵區南北長約 10 公里，東西寬 5 公里，總面積約 50 平方公里。隨著岡阜的自然起落，佈列著太祖李繼遷裕陵、太宗李德明嘉陵、景宗元昊泰陵、毅宗諒祚安陵、惠宗秉常獻陵、崇宗乾順顯陵、仁宗仁孝壽陵、桓宗純佑莊陵、襄宗安全康陵等 9 座西夏帝王陵和 193 座王公大臣的陪葬墓。

西夏陵區每座陵園都是一個完整的建築群體，佔地約 10 萬平方公尺以上，平面佈局基本相似，皆座北朝南，呈長方形。從南至北由鵲台、碑亭、月城、內城以及角台等部分組成。

鵲台（亦稱闕台）一對，座落在陵園南端，方錐截頂體，黃土夯築，台上原建有闕樓。

鵲台之北為碑亭，從現存碑亭遺址上可以看出各陵碑亭有兩座、三座不等。凡兩座者，東、西各一座；三座者，兩座位於東面，一座位於西面。碑亭台基略呈正方形，其建築面積與形制各不相同，碑亭的台基上鋪方磚，曾立有石碑（今已殘碎），碑文以西夏文和漢文兩種文字鐫刻。

碑亭以北為月城，呈長方形，南牆正中闢門，門道兩側牆身較厚。東、西

兩牆與內城南牆相接，月城內御道兩側原置二列或三列石像生。

　　內城位於陵園北部，呈長方形，四面環神牆，南神牆與月城銜接，牆為黃土夯築，底寬上窄，外部貼有殘磚，並以石灰抹面塗以朱色。四面神牆均正中闢門並建有門闕，有些陵園內城僅南門暢通，而東、西、北三面雖有門闕，但在門道內以土坯砌成數十公尺高的台階，無通行之意，在內神牆四個轉角處，牆體加寬，上部建有角闕。內城之中建有獻殿、陵塔等建築。陵塔前墓道隆起1～2 公尺，狀如魚脊，陵塔與墓道位於內神城西北方，反映西夏葬制受北宋時期陰陽家的影響。

　　月城與內城以外有外神牆，早期陵園的外神牆與角台接近，城垣較高；晚期陵園則外神牆內收，僅有東、西、北三面，並以未經加工的自然石料築一道部很寬的牆基，城垣已不明顯。

　　陵塔是陵園中的主體建築之一。其位置設在墓室垂直線後部約 10 餘公尺處，不具有封土的作用。陵塔平面呈八角形，高五層或七層，由下而上逐層收分，每層均有磚瓦堆積。據研究，在未破壞前，為密檐式的八角七層實心塔，這在中國陵園建築中是極特殊的。

　　1972 年發掘的六號陵墓室為土洞結構，闢有墓道、甬道，墓室四壁立護牆板。墓室由中室和東西配室組成，中室距地表 24.86 公尺，前寬 6.8 公尺，後寬 7.8 公尺，長 5.6 公尺，室內沒有發現葬具。東西兩配室大小相同。出土器物有嵌綠松石鎏金銀飾 2 件、花瓣形鏤孔金飾 1 件、金扣邊 1 件、金鞍飾 2 件、鎏金獸面形銀飾 1 件、竹雕 1 件、珠飾 3 件。此外還有鐵器、陶瓷器及人體和動物骨骼等。〔註33〕

　　西夏的王陵層因其外型而被認為是「東方的金字塔」。中國科學院的學者最近指出，這個金字塔實為一個陵與廟綜合的建築，也是個極具特色的建物。

　　新華社指出，中國科學院研究員、西夏陵考古負責人蔣忠義說，研究人員最近在西夏王陵的「三號墓」的四個牆面進行挖掘，結果發現四個角的角闕，是建立在一個圓形的底部墩台上。

　　出土的東西，包括了土磚、瓦板、銅鈴、鐵釘、套獸及曾經火焚燒的木構。學者推測，這些東西應該是曾經座落在圓形墩台上的「塔亭式」建築。

　　這些「塔亭式」建物的作用何在？學者認為這應該是與宗教信仰有關。

〔註33〕 1998 年修《銀川市志》，銀川：寧夏人民出版社，第一節、西夏王陵，頁 1206
　　　　～1207。

「塔亭式」的建物仍是一個實心的建築，裡面沒有登高的樓梯或甬道。至於在最頂端，則會有一個小型的「喇嘛塔」，也就是藏傳佛教的佛塔。

西夏當時信奉佛教，又受到唐朝末年以及五代時期「塔亭式」建築的影響，所以在這個陵墓的遺址當中，會出現這種像亭子一般的塔式建築形式。

三號陵除了有看似金字塔，實為塔亭式建物之外，考古學者還挖出了數百件石像的碎塊。拼湊之後，應該是此地曾經擺放四排，每排五座的石像。

西夏王陵的另一個建築特色，就是可見流行於宋代皇陵、孔廟、關帝廟等建築上的「烏頭門」。西夏皇陵的烏頭門底下並沒有基台，以綠瓦紅牆構成，是當時祭祀活動進出的大門。〔註34〕

第三節　金國陵寢

帝　系	姓　名	陵　名	陵　　　地
先　世			
始祖	完顏函普	光陵	北京市房山區周口店鎮九龍山西南鳳凰山石門峪。
德帝	完顏烏魯	熙陵	北京市房山區周口店鎮九龍山西南鳳凰山石門峪。
安帝	完顏跋海	建陵	北京市房山區周口店鎮九龍山西南鳳凰山石門峪。
獻祖	完顏綏可	輝陵	北京市房山區周口店鎮九龍山西南鳳凰山石門峪。
昭祖	完顏石魯	安陵	北京市房山區周口店鎮九龍山西南鳳凰山石門峪。
景祖	完顏烏古迺	定陵	北京市房山區周口店鎮九龍山西南鳳凰山石門峪。
世祖	完顏劾里鉢	永陵	北京市房山區周口店鎮九龍山西南鳳凰山石門峪。
世宗	完顏頗剌淑	泰陵	北京市房山區周口店鎮九龍山西南鳳凰山石門峪。
穆宗	完顏盈歌	獻陵	北京市房山區周口店鎮九龍山西南鳳凰山石門峪。
康宗	完顏烏雅束	喬陵	北京市房山區周口店鎮九龍山西南鳳凰山石門峪。
本　朝			
太祖	完顏阿骨打	睿陵	北京市房山區周口店鎮龍門口村九龍山主峰下。
太宗	完顏吳乞買	恭陵	北京市房山區九龍山前嶺墳山。
熙宗	完顏亶	思陵	北京市房山區周口店鎮西莊村西峨眉谷。
海陵煬王	完顏亮		北京市房山區長溝鎮墳莊村。
世宗	完顏雍	興陵	在太祖睿陵東大約 30 公尺處。

〔註34〕台北：《中國時報》，2001 年 7 月 17 日。

章宗	完顏璟	道陵	北京市房山區西大房山大樓溝。
衛紹王	完顏永濟		北京市房山區。
宣宗	完顏珣	德陵	河南省開封市。
哀宗	完顏守緒		河南省汝南市北汝水之南。
旁支嗣帝追尊其先世			
順宗	完顏斡本	順陵	原葬睿陵以西不遠處。（海陵王追尊其父）遷葬北京市房山區鹿門峪諸王兆域？
睿宗	完顏宗堯	景陵	睿陵以西 20 公尺處。（世宗追尊其父）
徽宗	完顏宗峻		上京會寧府。（黑龍江省阿城市）（熙宗追尊其父）
顯宗	完顏允恭	裕陵	北京市房山區——大房山。（章宗追尊其父）

金陵是曾稱雄中國北方的女真族建立的金朝的陵墓群。位於北京房山區大房山腳下。史載：金陵中有從東北遷葬的始祖以下十代帝王陵，太祖、太宗二陵和在中都埋葬的五代帝王陵，共十七陵。以及諸王兆域（海陵王被黜，降為郡王，改葬於大房山鹿門谷諸王兆域中）。〔註35〕

另外還有德宗完顏宗幹之陵，名稱不詳。宗幹為亮父，曾給予帝號，亦葬大房山。後亮被廢，世宗時將其削去帝號，但未提將其陵遷出大房山，故金開國後諸帝之陵應有八個。

金太祖在天輔七年（1123年）死於部堵濼西行宮，葬於上京宮城西南，建寧神殿，無陵號。金太宗在天會十三年（1135年）正月死於明德宮，二月建和陵，將太祖遷和陵，太宗亦於三月下葬和陵。金熙宗皇統四年（1144年）撤和陵稱號，以太祖陵為睿陵，以太宗陵為恭陵。這兩座陵都在上京附近，太祖陵在宮城西南，今所在的夯土台基，傳為寧神殿故基，和陵傳在阿城縣老母豬頂子山南麓，皆未經考古發掘所證實。另有金始祖以下十帝之陵也在上京附近，亦未見遺迹。他們肯定在海陵王遷陵時都遭到平毀，再求原貌，恐非易事。況且金初草創，制度未備，上京諸陵是否能全面反映金代陵制，尚有疑問。

貞元三年（1155年）三月金海陵王遷都燕京中都，命以大房山雲峰寺為山陵，建行宮。五月，營建大房山山陵；自上京遷太祖、太宗梓宮，十月至中都；大房山行宮成，名曰磬寧。十一月改葬太祖、太宗陵寢於中都大房山，太祖仍號睿陵，太宗仍號恭陵。正隆元年（1156年）七月，遷上京金始祖以

〔註35〕2001 年修《北京志·文物卷·文物志》，北京出版社。

下梓宮，十月抵中都，改葬始祖以下十帝於大房山。海陵王葬熙宗於大房山
蓼香甸，與諸王同兆域。大定初號曰思陵，大定二十八年（1188年）改葬於
峨眉谷，仍號思陵，恢復帝陵規制。海陵王死於揚州，先葬於大房山鹿門谷
諸王兆域中，降為庶人後改葬於山陵西南四十里。世宗於大定二十九年（1189
年）葬興陵。章宗於泰和八年（1208年）葬道陵。北京房山金陵共葬始祖以
下十帝、太祖以下五帝，有行宮，有兩處諸王兆域，具有相當的規模。但僅
從文獻上的記載，考古工作者現對陵園的佈局、行宮的制度等陵寢制度並不
清楚，這必須經現代考古學科學勘測和發掘才能獲得其真貌。

　　金朝滅亡（1234年）以後的三百八十七年，即明天啟元年（1621年），明
朝罷金陵祭祀，天啟二年（1622年）拆毀山陵，劚斷地脈，天啟三年（1623
年）又在陵上建關帝廟，為厭勝之術。明朝對金陵的破壞是非常徹底的，不但
拆毀陵上地面建築，而且挖開地宮，剖棺棄屍，從已發掘的金太祖遷葬的地宮
破壞情況，已見當年毀陵之嚴重程度。另外，清朝入關後，恢復春秋兩季祭陵，
修復金陵，重建享殿，現在地面上的許多建築遺迹多有清朝重建痕跡，從保存
金陵遺址的角度說，重建也是一種對原遺址的破壞。所以，北京房山金陵遺址
經過明朝的破壞和清朝的重建，原貌頓失，為今後北京房山金陵的考古工作帶
來了許多困難。考古工作者要從地下疊壓的遺迹中，區分出清人的重建、明人
的破壞部分，才能釐清金陵的原貌。〔註36〕

　　大房山金陵兆域156里。它以大房山下的九龍山為中心，分佈著光、熙、
建、輝、安、定、永、泰、獻、喬、睿、恭、順、景、興、裕、道17座帝陵
和唯一的一座后妃陵——坤后陵，陵區鹿門峪則葬有金宗室諸王。陵區入口處
還有行宮磬寧宮，大房山主峰茶樓頂上則有專為章宗皇帝營建的高山行宮崇
聖宮。金陵所在的大房山，西來北折，從葫蘆棚（地名）到連泉頂有綿延十幾
華里相對平緩的峰頂地帶，整個山麓則有豐富的植被。〔註37〕

　　金代的皇帝陵以雲峰山為中心，埋葬的比較集中。包括真正當過皇帝的六
人（金太祖、金太宗、金熙宗、金世宗、金章宗、衛紹王），追諡的三人（海
陵王德宗、世宗父睿宗、章宗父顯宗），這九人的葬地是金陵裡面的皇陵區。
具體方位就是大房山東南側左右兩條山脈之中。

　　它的東側不超過上店。上店現屬北京市燕山石化辦事處所轄，村中有一關

〔註36〕徐蘋芳：《北京金代皇陵·序》，北京：文物出版社，2006年。
〔註37〕楊亦武：《房山歷史文物研究·自序》，北京：奧林匹克出版社，1999年。

帝廟，內有一塊明嘉靖年間的石碑，石碑刻製時，金陵還未遭破壞，此碑記載上店溝曾開採煤窯數個，這可以說明這條山溝中沒有皇陵，否則是不會讓在皇陵邊上打洞採煤的。而從上店往西的大樓溝附近也儲藏著大量煤碳，而且離地表很近，有路，開採和運輸都很方便，卻沒有見到開窯的記載，證明上店以西地區屬皇陵禁區。嘉靖後，經隆慶、萬曆、泰昌到天啟年間，歷經 57 年金陵才遭破壞，從那時起「聖土」才變為「凡地」，百姓才允許隨便出入樵採。由此，可以把皇陵的東北界定在上店。

雲峰山西側室大房山腳下的十字寺溝，西南是車廣村、石門溝、康樂寺溝、斷頭峪，再向南是長溝峪涼水泉及其發源的坎河，「隔斷山勢」，斷頭峪出土過金代王墓，石門溝埋著「十王」，而這「十王」有帝稱，也就是說石門溝往東應是皇陵區的西界。

這樣對整個金陵地區的入葬形式就能理出脈絡，有章可循了。

800 年前，海陵王遷葬金代諸陵，巧借大房山的兩條山脈設陵，太祖、太宗放在中間，完顏子孫們環列兩側。太祖陵背倚雲峰山，前方有墳山為屏，墳山就像一個半圓形的帳篷，墳山下葬著太宗陵，「恭陵」葬於墳山，諸史有載。在這個圈子內葬著德宗（未留下陵號）和景、興、裕、道四陵，還有思陵和衛紹王（？）。

東側：蓼香甸坤厚陵區；

西側：鹿門谷諸王兆域。

踏遍全陵區，站在太祖陵所依的「主龍脈」頂觀察整個陵區，令人不禁浮想連翩：這東西兩側依山而葬的完顏子孫多麼像古代戰爭場面，左右眾將環衛著金太祖；這兩條溝望去，雖山石草木掩眼又視力所難及，但仍能想像得出，這兩溝就像「金」字上邊的「人」字，墳山、老虎山就像「金」字下面的兩個橫道，我們則站在上面的中心點上。〔註 38〕

一、中都金陵陵域

完顏亮在遷都中都之後，即開始選擇適宜地點，以建陵墓：

> 「金之先世卜葬於護國林之南。迨亮徙燕，始置陵寢。令司天台於良鄉縣西五十餘里大紅山西大紅谷，曰龍銜寺，峰巒秀拔，林木森

〔註 38〕王德恆：《北京的皇陵與王墳》，北京：中國城市經濟社會出版社，1990 年，頁 74～75。

密。亮尋毀其寺，遂遷祖父改葬於寺基之上。又將正殿元位佛像鑿穴，以奉安太祖、太宗、德宗，其餘各隨昭穆序焉」（《日下舊聞考》卷一三二引《金虜圖經》）。

「國初，祖宗止葬於護國林之東。逮海陵徙燕，始令司天台卜地於燕山之四圍，歲餘，方得良鄉縣西五十里大洪谷曰龍城寺，峰巒秀出，林木隱映，真築陵之處。隨遷祖宗於此，唯熙宗葬於山陰」（《大金國志》）。

由上述可知，金統治者選定作為陵區的大紅山西大紅谷（亦作大房山、大洪谷），是一個「山巒秀拔，林木茂密」、「林木隱映」的良好自然環境，適於建陵。此地的形勢：「西顧郊圻，巍然大房，秀拔渾厚，雲雨之所出，萬民之所瞻」（《金史·禮志》）。正由於大房山的這樣形勝，完顏亮集團決定「祖宗陵寢，於是焉依」，在此修建山陵。

上述引文中「唯熙宗葬於山陰」一句，即熙宗葬於山的北面。按《大金國志》所記多取材於《圖經》，而《圖經》中所記述為金遷中都後初期的狀況，金熙宗當時還未恢復帝號（他在大定二十八年才恢復帝號，改葬入帝陵區），這時仍葬於「諸王兆域」，故「山陰」當指諸王兆域所在地，亦可推定「鹿門谷」、「蓼香甸」在山之北。此文亦可反證出帝陵區不在「山陰」，當在「山陽」，即山南。

海陵初建陵時，並無陵界，其後陸續增建各陵，需要有一個陵區範圍界限，建立圍牆，劃出禁區。但完顏亮在修完第一批陵墓後，忙於準備發動南侵宋朝的戰爭和對付人民起義，從正史記述中去看，好像他無暇顧及此事。到他在南方兵敗被殺，世宗即位後，才注意到劃定陵域範圍和修築圍牆等。

金陵的陵域劃為禁區，「其封域之內，禁無得採樵弋獵」（《金史·禮志》），即不許人民在陵界之內從事活動，也可能是不許進入禁區。

金陵的陵域是很大的，大定初劃入界內為「周圍計地一百五十六里」，至大安初又予以調整，緊縮為「周圍計地一百二十八里」。

金陵圍牆稱「封堠」。「封」之義為「封閉」、「界域」、「疆界」；「堠」之意，一為計里數的土堆，一為瞭望敵情的土堡。故金陵「封堠」應認為是陵域周圍的圍牆上，每隔一定的距離立有一土堡，作為守衛及計里數所用。

金陵四周的確切方位現已不易考察，僅在《大金集禮》中有一些不完整的記述。

「大定二年正月初七日，省官刑部之事薛萬亨並提點山陵涿州刺史完顏璋，同銜申取責到司天召張慶淵、魏器博、盧世明三人狀稱：合自墳山西北，係奉先縣所管神寧鄉上冶村龍泉河為西界，為頭排立封堠，沿龍泉河南至羌弧嶺，其龍泉河水流正西南去，離墳山八十餘里，止合於羌弧嶺東南下墳。按墳山舊南界封堠，是周圍四至，別無窒礙，呈省。一起自萬安寺西嶺為頭，打量至西面近北南郊澗口舊封堠，計地六十二里令一百四十四步，自南郊澗口舊封堠以西上冶村，按連排立，沿龍泉河南至羌弧嶺，密排訖，封堠一百六十個，接連至赤石峪舊封堠、計地五十八里令二百二十八步。自赤石峪口舊封堠至萬安寺西嶺，計地三十五里令三百步，周圍計地一百五十六里令三百一十二步」（卷十七至二十）。

此是大定初年勘察的結果，其中大略提到邊界的地名，但並不具體，無法據以判定其周界。同書還載有大安年間的勘察結果。

「大安元年十一月三十日，承省禮奏帖：近奏差秘書監丞溫迪罕胡土、三司知事邊源，檢勘墳山以西銀洞事云云。今據所差官胡土等檢勘得止合以龍泉河為禁限西界。□□等商量，若准所申，是為相應云云。為此於十一月二十九日聞奏過。奉聖旨：封堠立得分朗者，餘並准奏行。」

墳山禁界封堠四至周圍地里，東至萬安寺西小嶺一十八里，南至黃土峪水心二十六里，西至轆轤嶺二十三里，周圍計地一百二十八里。〔註39〕

大房山金陵勘定以後，經海陵、世宗、章宗、衛紹王、宣宗 5 世 60 年間的營建，形成了一處規模宏大的皇家陵寢，其兆域達 156 里。據目前已經探明的情況來看，金代帝王陵主要分布在大房山東麓的九龍山、鳳凰山、連泉頂東峪、三盆山鹿門峪。此外，大房山南側的長溝峪也應葬有陵墓。建陵初期，出於安葬和謁陵、祭陵的需要在山陵東端的入陵處建行宮磐寧宮，章宗時期，又在山陵至高點大房山主峰的茶樓頂上建離宮崇聖宮。

大金立國前的始祖以下 10 帝君遷葬於大房山陵：始祖葬光陵、德帝葬熙陵、安帝葬建陵、獻祖葬輝陵、昭祖葬安陵、景祖葬定陵、世祖葬永陵、肅宗葬太陵、穆宗葬獻陵、康宗葬喬陵。

大金國 9 帝除宣宗葬汴京（河南開封）、哀宗葬蔡州（河南汝南）外，太祖至衛紹王 7 帝均葬於大房山陵；太祖葬睿陵，太宗葬恭陵，熙宗葬思陵、世宗葬興陵、章宗葬道陵；海陵王、衛紹王兩代皇帝死後被削去帝號，故葬所無

〔註39〕于杰：〈中都金陵考〉，收入于杰、于光慶：《金中都》，北京出版社，1999 年。

陵號。

　　旁支嗣帝追封其先世，追封 4 帝，3 位葬大房山陵：海陵父德宗葬順陵，世宗父睿宗葬景陵、章宗父顯宗葬裕陵。熙宗父徽宗葬上京會寧府（今黑龍江省阿城市），沒有遷葬大房山的記載。

　　完顏氏宗室諸王有許多葬在大房山陵，其中文獻可考的有 3 位：梁王完顏宗弼，榮王完顏爽，宿王矧思阿補。此外，海陵太子光英也葬於大房山。

　　可以確定的葬於大房山的后妃有 23 位：始祖明懿皇后，德帝思皇后，安帝節皇后，獻祖恭靖皇后，昭祖威順皇后徒單氏，景祖昭肅皇后唐括氏，世祖翼簡皇后拿懶氏，肅宗靖宣皇后蒲察氏，穆宗貞惠皇后烏谷論氏，康宗敬僖皇后唐括氏；太祖欽憲皇后紇石烈氏，太宗欽仁皇后唐括氏，熙宗悼平皇后裴滿氏，世宗昭德皇后烏林答氏、元妃張氏、元妃李氏、賢妃石抹氏、德妃徒單氏、柔妃大氏，章宗欽懷皇后蒲察氏；睿宗欽慈皇后蒲察氏，德宗慈憲皇后大氏，顯宗孝懿皇后徒單氏。

　　坤后陵是大房山唯一的一座后妃陵，乃世宗為昭德皇后烏林答氏而建，原葬有世宗烏林答氏以下 6 位后妃，其他諸帝后均祔葬諸帝陵，世宗逝後，烏林答氏從坤后陵遷興陵與世宗合葬。

二、九龍山太祖陵區諸陵

　　九龍山太祖陵區葬有 6 陵：太祖睿陵、太宗恭陵、德宗順陵、梁王宗弼陵、睿宗景陵、世宗興陵。

（一）海陵王營陵與諸陵遷葬

　　九龍山（文獻又稱三峰山、雲峰山），位於房山區周口店地區車廠村東北，山勢奇秀，有 9 道山脊參峰而上，如 9 條巨龍騰雲而起，故名九龍山。在中國古代，「龍」和「九」象徵著封建帝王和王權的至高無上。九龍山前事一塊兩三百畝大的台地，自南而北梯級而上，台地前數里，一崗凸起，赫然壁立，如一道巨大無比的石門橫於出山之口，世稱龍門口。九龍山左右各有一道山谷，谷中溪水潺潺，於山前台地兩側流過，匯於台地前南下，出龍門口而去。這是一塊難得的陵寢吉地，所以海陵王首先選定此處營陵，並把九龍山作為山陵的主陵區。

　　九龍山諸陵始營於貞元三年（1155 年）三月，它是大房山金陵開始營建的標誌。《金史》卷五・本紀第五・海陵：「貞元三年三月乙卯，命以大房山

雲峰寺為山陵。」雲峰寺，位於九龍山下的台地上，海陵王是毀寺為陵的。吏部尚書耶律安禮，以「護大房山諸陵工作」的頭銜負責營陵工程，中都大興府尹蘇保衡作為耶律安禮的助手，「督諸陵工役」。貞元三年（1155年）十月，諸陵竣工，前後僅用 7 個月的時期。同時興工和完工的還有九龍山西嶺以西的鹿門峪（今名十字寺溝）諸王墓。金熙宗被弒，海陵王貶其帝號降為東昏王，所以海陵王營其墓於鹿門峪中蓼香甸。〔註40〕

（二）太祖睿陵

天輔七年（1123年）九月癸丑，太祖梓宮至上京，葬宮城西南的護國林之東（今黑龍江省哈爾濱市阿城區會寧府遺址以西 500 公尺處，陵冢尚存），建寧神殿。

天會三年（1125年）三月，上尊諡曰元武皇帝，廟號太祖，立原廟於西京（今山西大同）。

太祖崩時，大金忙於拓疆闢土，戰事正迫，所以葬得草率。天會十三（1135年）正月，太宗崩，繼位的熙宗，乃太祖嫡長孫，於是乘此機會，重勘陵址，選定了上京西北 50 公里處的胡凱山（在今黑龍江省哈爾濱市阿城區山河鎮境，俗稱老母豬頂子山），將太祖、太宗兩兄弟葬在一起。天會十三年（1135年）二月辛酉，太祖先於太宗遷葬於胡凱山，號和陵（陵冢尚存）。皇統四年（1144年），改和陵曰睿陵。五年（1145年）十月，增諡應乾興運昭德定功仁明莊孝大聖武元皇帝。海陵王營大房山陵後，於貞元三年（1155年）十一月，改葬大房山，仍號睿陵，欽憲皇后紇石烈氏祔葬。

紇石烈氏，天會十三年（1135年）尊為太皇太后，宮號慶元。十四年（1136年）正月丁丑，崩於慶元宮。二月癸卯，葬上京胡凱山太祖陵，貞元三年（1155年）十一月與太祖同時改葬大房山。〔註41〕

太祖睿陵位於九龍山正中的主龍脈下，向南正對陵區神道，殘存的寶頂為清代修陵時所建。寶頂前 10 餘公尺，有一低窪處，這就是金太祖完顏阿骨打的葬所。

北京京華時報 2003 年 9 月 6 日報導，北京市文物研究所副研究員黃秀純

〔註40〕楊亦武：〈大房山金陵考〉，收入楊亦武：《房山歷史文物研究》，北京：奧林匹克出版社，1999年。

〔註41〕楊亦武：〈大房山金陵考〉，收入楊亦武：《房山歷史文物研究》，北京：奧林匹克出版社，1999年。

指出，上個世紀八十年代末，考古專家開始調查金陵遺址，發現主陵區距現存清代大寶頂遺蹟前約十五公尺處，有一巨型石坑，定名為祭祀坑，當地村名曾將此坑用作蓄水池。

2002 年春，北京市文物研究所清理祭祀坑遺址，發現裡面堆放兩百多塊大石頭，每塊重達一噸，將石頭搬開後，發現一處石槨墓。經過一年多挖掘，迄今已出土四具石槨，並首次發現雕龍紋、鳳紋的漢白玉石槨，應為皇室專用。

根據史書及有關文獻記載，金陵主陵區內埋葬五代帝王，即太祖、太宗、德宗、睿宗、世宗。此墓坑位於金陵遺址中軸線上，專家初步判定為金太祖完顏阿骨打的睿陵。

龍鳳石槨的墓坑為一豎穴石壙墓，平面呈長方型，石槨內放置木棺一具，木棺外壁為紅漆，漆外飾銀片鎏金鏨刻鳳鳥紋。棺內頭骨處發現隨葬金絲鳳冠，紋飾精美，保存完整。完顏阿骨打陵西南第四塊台地還發現五座陪葬墓，其中兩座墓室未被擾動。墓室四壁石條壘砌，外壁塗抹白灰，室內底部放置石棺床，木棺已朽，肢骨散亂。出土銅把鐵劍、石枕、磁州窯龍鳳冠及金「泰和」銅錢等遺物。

北京市文物研究所所長宋大川表示，金太祖完顏阿骨打陵地發掘和清理，不僅為今天的人們提供了大量金代陵寢制度的實物資料，同時也豐富了今人對金代帝陵陵寢結構和平面佈局形制的認識。北京市文物局的專家表示，下一步的重點工作將放在進一步確定其他陵墓的範圍和位置，並做好已發掘文物的保護和再利用。

（三）太宗吳乞買

太宗吳乞買，天會十三（1135 年）年正月丙午朔，己巳，崩於明德宮，年61。三月庚辰，上尊諡曰文烈皇帝，廟號太宗。乙酉，葬於胡凱山和陵。皇統四年（1144 年），改號恭陵。五年（1145 年）增上尊諡體元應遇世德昭功哲惠仁聖文烈皇帝。貞元三年（1155 年）十一月戊申，改葬於大房山，仍號恭陵。太宗並未與太祖一同葬於九龍山台地雲峰寺的寺基上，而是葬於九龍山前嶺墳山。看來《金虜圖經》、《大金國志》記載有誤。

太宗欽仁皇后，唐括氏。天會十三年（1135 年），與太祖欽憲皇后同時尊為太皇太后，號明德宮。皇統三年（1143 年），崩於明德宮。諡曰欽仁皇后，葬胡凱山太宗陵。貞元三年（1155 年）十一月，與太宗遷葬大房山。

　　墳山恭陵現為燕山石化總公司東方煉油廠地界。1971 年，曾出土 6 具石棺，石棺中隨葬品有一件鎏金面具。

　　這件鎏金面具，銀質鎏金，銀胎厚 1.5 公釐，通長 31 公分（面部 25 公分，頸長 6 公分）最寬處約 22.2 公分。面頰豐滿，眉骨粗壯，雙眼微閉，鼻樑瘦高，兩耳肥大（長 9.3 公分、寬 2.5 公分），下巴圓厚，唇微閉留有口縫，細密的髮紋清晰可見。耳垂部和耳上部各有一個小孔，為繫帶之用。面具形象健壯，具有明顯的古代北方少數民族特徵。

　　死者臉上戴鎏金面具，是契丹貴族特有的葬俗。金陵鎏面具的出土表明，女真葬俗受契丹文化的影響。這件面具保存完好，現藏於北京首都博物館。

　　墳山金代墓葬的出土表明，此處確屬金陵葬區。但是從出土文物中不能確定葬者的身分，因此不能判定出土石棺是否有太宗？

（四）德宗順陵

　　據文獻記載德宗陵在太祖睿陵側，具體位置失考，但是，根據其太祖長子、海陵王之父的身分推測，當葬於九龍山太祖睿陵以西不遠處。

　　海陵篡立，追諡憲古弘道文昭武烈章孝睿明皇帝，廟號德宗。貞元三年（1155 年）十一月，以帝禮遷葬於大房山太祖陵區。世宗即位，大定二年（1162 年）除德宗廟號，改諡明肅皇帝。

　　大定二十二年（1182 年）世宗追削宗幹帝號，是採納了太子允恭的建議，最終根據尚書省的擬奏意見削去宗幹「明肅」帝號，改封為皇伯、太師、遼王。「衍慶宮」是金代太廟的名稱，所謂「據衍慶宮舊容改畫服色」，乃是宗幹削帝號後，把他在太廟中的遺像由皇帝服飾改畫為王爵服飾；宗幹還被「遷出順陵，改名為墓。」據此可知，宗幹陵號為「順陵」，《金史》中並未載及宗幹陵號，因此《大金集禮》的這一記載非常珍貴，他使宗幹的陵號留存下來。這一記載還告訴我們，大房山金陵葬者只有皇帝或有帝號的才稱「陵」，王爵葬所只能稱「墓」，宗幹被遷出九龍山太祖陵區的順陵後，並未有遷葬於何地的記載，但是，他削去帝號後，以王爵的身分，被遷往諸王兆域鹿門峪該是確定無疑的。

　　海陵母大氏，天德二年正月，尊為皇太后。貞元元年（1153 年）四月戊寅，崩。貞元三年（1155 年）九月，太祖、太宗、德宗宗幹梓宮至中都。尊諡曰慈憲皇后，海陵親行冊禮。十一月，與德宗宗幹合葬於大房山順陵。宗幹被追削帝號後，降為遼王妃。宗幹遷出順陵後，應隨宗幹遷往鹿門峪。

（五）梁王宗弼陵

根據《金虜圖經》、《大金國志》考之，貞元三年（1153 年），海陵除把太祖、太宗、德宗遷於九龍山下外，還把叔父梁王宗弼葬於附近。當地百姓把太祖陵誤稱為金兀术陵，這說明梁王宗弼陵確實在太祖陵區。

太祖陵西側九龍山西峪閣兒溝溝口北側的梯田中央，有凸起的古墳遺蹟，旁邊遺存著漢白玉殘件、花崗岩階石和金代磚瓦。一般認為，這裡就是梁王宗弼陵所在。據當地百姓回憶，早年閣兒溝口，有一樓閣，所以叫閣兒溝，而這一樓閣想是陵寢建築，民國時期，宗弼陵側尚存一道紅牆。宗弼雖是太祖之子，又是一個戰功赫赫的功臣，但是他既沒做過皇帝，又未追諡帝號，所以依制不能葬在太祖陵區正寢，只能於帝陵邊緣陪葬。〔註42〕

（六）睿宗景陵

睿宗景陵，在太祖陵以西 20 公尺處。除殘存的石雕、磚瓦外已無明顯遺蹟。

大定二年（1162 年），世宗在九龍山太祖睿陵西側，為他營陵，以太保、都元帥完顏昂為敕葬使，於上京奉遷睿宗梓宮於大房山，九月辛酉，到達大房山陵，奉安梓宮於山陵行宮磬寧宮中，十月戊辰，世宗親往山陵，於磬寧宮謁睿宗梓宮，哭盡哀。戊子，葬睿宗於九龍山，號景陵。

睿宗欽慈皇后，蒲察氏，睿宗元配。后母太祖妹。天會十三年（1135 年），封潞王妃，葬於上京。世宗即位，追諡欽慈皇后。大定二年（1162 年）九月，與睿宗同遷大房山，葬景陵。

1986 年 5 月，景陵陵碑於睿宗以西 20 公尺左右處出土，出土時碑座已失，碑高 2.10 公尺，寬 0.68 公尺，厚 0.25 公尺，碑上刻「睿宗文武簡肅皇帝之陵」10 個大字，為雙勾陰刻楷書。字內填朱砂、鍍金粉，於日光下金光閃閃。碑首四龍吐鬚，龍尾托火焰球，龍形獨特。景陵碑的出土，確定了景陵的準確位置。現在，陵碑出土處尚存一淺穴，可視為景陵標誌。

（七）世宗興陵

世宗興陵在太祖睿陵東大約 30 餘公尺處，地表已無明顯遺蹟。

大定二十九年（1189 年）正月癸巳，世宗崩於福安殿，壽 67。己亥，殯於大安殿。三月辛卯朔，上尊號曰光天興運文德武功聖明仁孝皇帝，廟號世

〔註42〕楊亦武：《大房山金陵考》。

宗。四月乙酉，章宗皇帝遵照世宗生前「萬歲之後，當置朕於太祖之側」的遺囑，葬世宗於九龍山太祖睿陵東側，號興陵。明德皇后烏林答氏祔葬。

三、鳳凰山諸陵

鳳凰山位於九龍山西南，是大房山東側一道南北走向的山崗。鳳凰山東麓，向東依次派生出一道道東西向的小嶺，從而形成一道道溝峪，其勢如鳳凰展翅，故名鳳凰山。鳳凰山溝峪由南而北依次是斷頭峪、康樂峪、峨嵋峪、石門峪、冷峪。文獻記載和考古發現表明，鳳凰山諸峪是大房山金陵的重要區域，除冷峪尚無證據表明葬有陵寢外，其他各峪都有金代陵寢：據文獻記載，十帝陵在石門峪，熙宗思陵在峨嵋峪，斷頭峪、康樂峪側則有金代陵墓出土。

四、石門峪十帝陵地望

石門峪在周口店地區車場村南，南鄰峨眉峪，北鄰冷峪。清《順天府志》：「石門峪，《王志》：『峨嵋峪北上，有十王冢，金之宗藩也。』」所謂十王冢，就是十帝陵，十帝本是金立國前的 10 代部落首領，天會時追諡為帝，故謂「金之宗藩」。

石門峪是以山峪形狀得名的，自車廠村南西行，進入石門峪，里許山石突兀如門狀，這是小石門。過小石門再里許，峪兩側雙峰高聳，如雄關，這是大石門。大石門以東，南側峪嶺尚存兩處用巨石壘砌的高大護牆。大石門以西，一嶺西來北折，如蒼龍顧首，因此，石門峪一西一北派生 2 峪，十帝陵坐落在北峪峪口以北數百公尺長的峪段。陵寢於山嶺「蒼龍顧首」處的半山間，背西面東朝向大石門。立於十帝陵東望，大石門高峻挺拔，實為入陵處的一道天然門限。

五、石門峪所葬十帝

十帝原葬於上京會寧府，海陵王於貞元三年（1155 年）先遷太祖、太宗諸陵，再於正隆原年（1156 年）遷葬十帝於此。十帝陵遷葬後陵號未變。

十帝陵為：始祖函普光陵、德帝烏魯熙陵、安帝跋海建陵、獻祖綏可輝陵、昭祖石魯安陵、景祖烏古迺定陵、世祖劾里鉢永陵、肅宗頗剌淑泰陵、穆宗盈歌獻陵、康宗烏雅束喬陵。

十帝陵沒有葬后妃的記載，但是根據古代葬俗與十帝的身分而論，十帝沒

有獨葬之理。那麼十帝陵祔葬情況當是如此：始祖明懿皇后祔葬光陵，德帝思皇后祔葬熙陵，安帝節皇后祔葬建陵、獻祖恭靖皇后祔葬輝陵，昭祖威順皇后徒單氏祔葬安陵，景祖昭肅皇后唐括氏祔葬定陵，世祖翼簡皇后拿懶氏祔葬永陵，肅宗靖宣皇后蒲察氏祔葬泰陵，穆宗貞惠皇后烏古論氏祔葬獻陵，康宗敬僖皇后唐括氏祔葬喬陵。

十帝陵的營築年代，史書沒有記載，根據歷史情況推斷，貞元三年（1155年）海陵王營陵時，當未營石門峪陵，否則，當年海陵王當把十帝一併遷葬。海陵王於正隆元年（1156年）七月派員遷葬十帝，八月丁丑曾到大房山行視山陵，想必當時石門峪陵寢上在建設中。那麼，石門峪十帝陵或始營於睿、恭等陵禮成後的貞元三年（1155年）末至正隆元年（1156年）初之間。從營陵到十帝山陵禮成，歷時1年左右。

當年，為防十帝陵所在的石門峪北峪山洪沖擊陵寢，特用山石於北峪西側的陵寢下自南而北築一道縱貫北峪的陵基和陵寢護牆。現在護牆殘損嚴重，成為一道亂石堆，這道亂石堆便是十帝陵的顯著標誌，10座帝陵則於荒坡亂木中渺無蹤跡了。

十帝陵當是穴山而葬的，建營工程相當浩大，陵寢遺址處的亂石堆便是開陵鑿出的石料，陵寢營造者用以墊砌陵基和護牆。

遺址上遺留著兩個華表底座，平面呈八棱形，直徑1.10公尺，高0.80公尺，棱與棱之間寬0.42公尺。一蹲石獸頭部已殘。另有古鏡式青石柱礎、方形漢白玉欄杆底座、流水槽等。前些年，十帝陵遺址南側曾殘存一道漢白玉欄杆及一段欄杆基址，現已不復存在。

六、峨嵋峪熙宗思陵

峨嵋峪位於周口店區西莊村西，南為康樂峪，北面便是十帝陵所在的石門峪。據《金史》記載，金代第3位皇帝熙宗最終遷葬此峪，號思陵。峨嵋峪已無思陵痕跡，準確位置難以確定。今峨嵋峪口梯田上，殘存金代溝紋磚、黃琉璃瓦及漢白玉殘石，峨嵋峪其他地方都是些山石劣土，這一帶黃土層很厚，似為熙宗思陵所在。

海陵篡立，降熙宗為東昏王，葬於上京會寧府其皇后裴滿氏墓中。貞元三年（1155年），海陵王在遷葬太祖、太宗的同時，亦將熙宗遷來，初葬於大房山蓼香甸，與遷葬來的諸王葬在一起。大定元年（1161年）十一月乙酉，世宗追復帝號，諡武靈皇帝，廟號閔宗，陵曰思陵。別立廟。十九年（1179年），

升祔太廟，增諡弘基纘武莊靖孝成皇帝。二十七（1187 年）年，改廟號熙宗。大定二十八年（1188 年），以思陵狹小，改葬於峨嵋峪，仍號思陵。祔葬熙宗悼平皇后，裴滿氏。

七、斷頭峪坤后陵

斷頭峪在鳳凰山最南端，為鳳凰山諸峪之首，它的北邊是康樂峪。斷頭峪的名稱似乎不太吉利，作為金陵葬所，它的原始名稱不當如此。坤后陵是大房山金陵唯一的一座后妃陵，乃金世宗為昭德皇后烏林答氏所建，共葬有烏林答氏以下 6 位后妃。由於文獻記載的疏漏，坤后陵的所在一直是個謎，斷頭峪金代墓葬的出土為考證坤后陵的具體位置提供了關鍵線索。

1972 年 12 月，長溝峪煤礦在斷頭峪建築職工住宅樓，基建施工中發現一組石槨墓，北京市文物管理處當即進行了現場調查：

該墓位於斷頭峪西山坡，由 5 具石槨組成，這 5 具石槨成十字形，主墓及兩側 2 石槨東西向，主墓首尾 2 石槨南北向。每具石槨均由 6 整塊兩面磨光的漢白玉石板構成，石板厚 10～15 公分。正中石槨長 2.9 公尺，寬 1.38 公尺，高 1.26 公尺。結構為墓穴底部放石槨底板，4 框立於底板上，以單榫結合，槨蓋板平放在上面。另外 4 石槨與主墓石槨同，尺寸略小：長 2.45 公尺，寬 1.10 公尺，高 1.26 公尺。

主墓的紅木棺兩側以銀龍裝飾，在等級森嚴的封建社會，除后妃外，即使是貴族婦女，也不能以龍作為棺表的裝飾物，可見，墓主的身分是一位后妃。因此，這是一座后妃陵，而坤后陵是大房山金陵內的唯一一座后妃陵。

因此，可見斷定，斷頭峪出土的金代墓葬就是坤后陵。

坤后陵共葬有金世宗昭德皇后烏林答氏以下 6 位后妃，世宗崩，烏林答氏從坤后陵遷出祔葬世宗興陵後，坤后陵只剩 5 位后妃，斷頭峪出土的金代墓葬恰恰是 5 具石槨。

斷頭峪出土的金代墓葬的主墓，紅柏木棺嵌銀龍飾者，墓主當是元妃李氏，周圍四槨，當是元妃張氏、賢妃石抹氏、德妃徒單氏、柔妃大氏。5 妃墓葬格局似是烏林答氏遷葬出坤后陵後形成的。

雖然未見衛紹王葬於大房山的記載，但是他葬於宣宗南遷前，又是「以禮改葬」的，因此，一般認為他應該葬在大房山。完顏永濟雖被降封為王，但是承遺詔繼大統的，是一位實實在在的皇帝。如果說他葬在鳳凰山帝陵區。也是

合情合理的。以上是對衛紹王葬所的一個推斷，衛紹王是否葬於康樂峪，尚須進一步考證。

八、連泉頂東峪的裕陵與道陵

　　大房山脈自主峰茶樓頂東形北折而去有一峰巔名為連泉頂，連泉頂東側有一峪，峪間有一座花崗岩壘砌的方形古堡，初步認定為金代守陵軍事設施，這座古堡俗稱大樓，大樓以東約 1 公里原有一座類似的古堡的建築，比大樓稍小，俗稱小樓，今已傾圮無存。大樓和小樓作為金代守陵的軍事設施，表明這一帶是大房山金陵的重要區域。連泉頂東峪不同峪段有不同的名稱，大樓以西至山峪盡頭因有二泉分流名雙泉溝，大樓以東至小樓一段名大樓溝。經考察認定顯宗裕陵、章宗道陵就在大樓與小樓之間的大樓溝，大樓處於二陵西端，小樓則處於出入山陵的門戶，由此不難看出大樓與小樓的作用。

　　道陵是金朝章宗皇帝完顏璟的墓葬，道陵蒼茫，為古燕京八景之一。是大房山下女真族皇家陵園中的一座，當時修築的富麗豪華，元明兩代一直都是文人墨客遊覽吟詠的地方。豈止是陵園，北京很多地方都留有金章宗時代修築的園林，只不過後人屢有增建、翻建而已，如北海公園、香山風景區、玉泉行宮、高梁河兩岸的綠樹紅花和許多著名的古剎等都兆始於金章宗時代，盧溝橋工程也是那個時代完工的。〔註43〕

　　此地憑借大房山主龍脈，前有九龍山，後有北嶺，兩山夾峙，二水分流，山前視野開闊，直望平川，按堪輿而論，是大房山陵區又一處難得的形勝之地。

　　1988 年、1989 年，文物部門與北京市地礦局物探中心先後使用磁法、電法和洛陽鏟對這裡進行聯合探查。在第 1 地點發現地下 2 至 4 公尺深處「情況異常」，「情況異常」呈長 9 公尺、寬 6 公尺的半月形，面向山口處，「異常」點前方有建築地基，發建柱礎，再往前發現古路遺迹。第 2 地點「異常情況」更為明顯，整個異常地區呈「T」形，南北長 15 公尺，東西寬 25 公尺，「異常」向前延伸，又達 6 公尺，呈甬道狀。探眼打到 5 公尺深全是外來細黃土，試挖 1 公尺多深，便出土了一個漢白玉欄杆柱頭。

　　綜合考證的結果認為，第 1 地點當是顯宗裕陵，第 2 地點為章宗道陵。

〔註43〕王德恆：《北京的皇陵與王墳》，北京：中國城市經濟社會出版社，1990 年，
　　　　頁 27。

九、諸王兆域

大房山金陵和其它朝代帝王陵寢不同，除安葬皇帝外，一些宗室諸王也葬於其間，稱「陪葬」，但一般來說諸王所葬區域與皇帝葬所有嚴格區別，這就形成了帝陵區與王陵區，前文述及的九龍山陵區、鳳凰山陵區、連泉頂東峪的大樓溝陵區乃是帝陵區；王陵區史稱「諸王兆域」，在鹿門峪。貞元三年（1155年），海陵王營九龍山太祖陵區的同時，又營建了鹿門峪的諸王兆域。

廢帝海陵王最初也葬在於鹿門峪。

大定二年（1162年），降封為海陵郡王，諡曰煬。二月，世宗使小底樓室與南京官遷其柩於寧德宮。四月，葬於大房山鹿門峪諸王兆域中。

大定二十年（1180年）有司奏請降海陵王為庶人，並請求將海陵王遷出諸王兆域，改葬於山陵兆域之外。

金世宗採納了奏議，於大定二十一年（1181年）正月，正式下詔，廢海陵王為庶人，隨即海陵王被遷出鹿門峪諸王兆域，改葬於山陵西南40里，「瘞之閑曠，不封不樹」，甚至連葬所地名都沒有留下來。時隔800餘年，僅據「山陵西南40里」這一線索，很難找到海陵王陵。

十、陵區的行宮

大房山金陵有兩處行宮，一處是位於金奉先縣西金陵入陵處的磬寧宮，另一處是高聳於大房山主峰茶樓頂上的崇聖宮。這兩處行宮，於神奇的大房山麓裝點出陵區的繁華。

《日下舊聞考》卷一百三十二：瑞支宮在金太祖陵側，遺址僅存。《涿州志》。臣等謹按：《金史·地理志》又稱奉先縣有磬寧宮，今亦無可考。

《金史》卷五《海陵》：（貞元三年三月）乙卯，命以大房山雲峰寺為山陵，建行宮其麓。〔註44〕

十一、哀宗陵

《金史·哀宗紀》：「哀宗崩於幽蘭軒，奉御，完顏絳山收葬之汝水上」。

〔註44〕宋大川、夏連保、黃秀純：《金代陵寢制度史料》，北京：燕山出版社，2003年。

圖 版

祖山（左）及其影壁山（右）

祖陵是遼太祖耶律阿保機的陵寢。

遼太祖陵石人

祖山

疑遼太祖陵墳丘

祖州城內的石房子

疑與遼太祖陵寢的祭祀有關。祖州是
遼太祖陵寢的奉陵邑。

由石房子望祖山

石房子內之石板（放置棺床）

醫巫閭山

最高處的山頭為望海寺

據《遼史》記載，山中有遼東丹王耶律倍的讀書處「望海堂」和他死後埋葬的顯陵，遼景宗的乾陵，以及遼世宗和天祚帝的陵墓等，近年在龍崗一帶發現有陪葬墓冢。

慶雲山遠景

慶雲山又名永安山，為遼慶陵的陵山，這裡是遼聖宗、興宗、道宗三帝及其皇后的陵寢的所在，山峰常有雲繞其間，所以名慶雲山。其地即今巴林右旗瓦爾漫汗山。為遼朝皇帝夏季捺缽（行宮）所在。據沈括：《使虜圖抄》載：「永安，地宜畜牧，畜宜馬牛羊，草宜荔梃、茱耳、穀亦粱麥。」

慶州塔

遼景福 2 年（1032 年），遼在慶雲山下營建慶陵，同年建慶州於慶陵南為奉陵邑。遼重熙 18 年（1049年），位於慶州城內的釋迦如來舍利塔竣工落成。8 角 7 級，樓閣式磚木混合建築，塔高 73.27 公尺。

遠望契丹黑山

黑山為遼慶陵的影壁山。遼俗謂契丹人魂魄由黑山神管理，因此冬至日北向拜黑山。該山地處巴林右旗正北，距大板鎮 100 公里，西距遼慶州城 8 公里，南距遼懷州城 10 公里，主峰高 1950 公尺，山勢雄偉碩大，平坦的主峰上有面積約 1000 平公尺的湖泊，人稱「天池」。逢夏秋時節，湖邊可見旱金蓮黃光閃爍。

遼代黑山亦稱炭山、黑嶺，與赤山、太保山、饅頭山、老爺嶺、鳳山等。山脈蜿蜒相連。契丹人一直生活於沙漠、草原、山林等複雜地域環境之中，受遊牧狩獵等傳統生活方式影響，形成了對山脈、河流、林木的崇拜與寄託。《遼史》載：「黑山在慶州北十三里，上有池，池中有金蓮。」「冬至日，國俗屠白馬、白羊、白雁，各取血和酒，天子望拜黑山。」

遼慶陵的東陵中室

本頁之圖均取自〔日〕田村實造、小林行雄:《慶陵》,日本:京都大學文學部,1952 年。

遼慶陵的東陵前室後半部天井與
北壁上部的雙龍紋

遼慶陵的東陵中室的北通道之天井

遼慶陵的東陵（遼聖宗陵）的墓室內部

遼聖宗東陵墓室平面圖

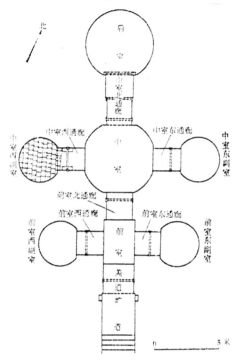

本頁之圖均取自〔日〕田村實造、小林行雄：《慶陵》，日本：京都大學文學部，1952 年。

遼慶陵東陵壁畫剖面圖

遼慶陵東陵壁畫剖面圖，左有四季山水圖，右邊第一人為髡髮的契丹人。鳥居綠子模寫。（取自〔日〕田村實造、小林行雄：《慶陵》，日本‧京都大學文學部，1952 年）

遼慶陵東陵壁畫

四季山水圖之夏天部分。（取自田村　　　　花草，遼慶陵壁畫，鳥居綠子模寫。
實造、小林行雄：《慶陵》，1952）

遼慶陵壁畫——契丹人

契丹人，遼慶陵壁畫，鳥居綠子模寫。

遼慶陵壁畫——契丹人

本頁之圖均取自〔日〕田村實造、小林行雄：《慶陵》，日本：京都大學文學部，
1952 年。

遼慶陵壁畫——契丹人

圖片取自〔日〕田村實造、小林行雄：《慶陵》，日本：京都大學文學部，1952 年。

遼慶陵中陵（遼興宗陵）陵殿遺址

遼慶陵中陵（遼興宗陵）羨道上方　　遼慶陵中陵（遼興宗陵）盜洞

遼道宗哀冊（契丹文）　　　　西夏陵一景

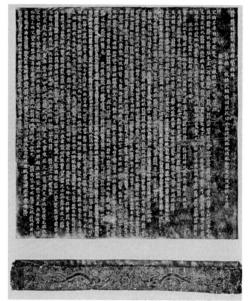

圖片取自山田信夫：《草原とオアシス》〔日〕東京：講談社，1985 年。

遼慶陵出土

西夏十三號陵園全景

照片取自牛達生：〈西夏陵園〉，《考古與文物》，1982 年 6 期。

第 1 屆中國北方文化國際學術研討會
考察隊伍，浩浩蕩蕩在遼慶陵（慶雲
山區）途中壯觀的景象，謝敏聰在車
隊中（一）1993 年 8 月

第 1 屆中國北方文化國際學術研討會
考察隊伍，浩浩蕩蕩在遼慶陵（慶雲
山區）途中壯觀的景象，謝敏聰在車
隊中（二）1993 年 8 月

第 3 屆中國北方古代文化國際學術研討會會場入口。（2004 年 8 月）

　　赤峰市歷史悠久、文化淵源流長。它不僅是遼代文化的發祥地，也是著
名的紅山文化的發祥地。赤峰的名勝古蹟較多，其中遼代文物居全中國
之首。著名的遼上京及其附近的遼祖州、祖陵、遼慶州、慶陵、召廟、遼
中京及其大明塔，塞北元代歷史名城——應昌路魯王城及達理湖，克什
克騰旗的慶寧寺，巴林右旗的薈福寺，喀喇沁旗的靈悅寺，元代龍泉寺、
清真寺等，都是引人入勝的遊覽地點。

謝敏聰（前排左三）應赤峰市人民政府文化局局長于建設教授之邀請，出席第 3 屆大會開幕式。（2004 年 8 月）

金朝陵寢陵山——雲峰山

金朝陵寢的石棺槨

北京房山區周口店鎮龍門口村，發現金陵遺址，並出土金太祖完顏阿骨打陵寢。金陵要比名列聯合國「世界文化遺產」的十三陵早二百多年，該地區共埋葬有十七位金朝的皇帝，是北京迄今為止最大也最早的皇帝陵墓。圖為金陵內一處石槨墓。《新華社》，2003 年 9 月 6 日。

金朝皇陵陵墓外景

北京房山發現金太祖完顏阿骨打陵墓，圖為睿陵外景。（台北：《聯合報》，北京 2003 年 9 月 6 日傳真）

疑係金陵出土的石人？（北京金中都遺址）

疑係金陵出土的石獸？（北京金中都遺址）

疑係金陵出土的石人與石獸？（北京金中都遺址）

疑係金陵出土的石人？（北京金中都遺址）

金朝陵寢（一）資料照片

金朝陵寢全景

金朝陵寢（二）資料照片

東陵前景

金朝陵寢（三）資料照片

西陵墳丘

金朝陵寢（一）、（二）、（三）資料照片取自常盤大定、關野貞：《中國文
化史蹟》，東京：法藏館，1939 年。

第十九章　元朝陵寢

帝　系	姓　名	陵　名	陵　　　地
註：元朝皇室，姓：奇渥溫			
太祖	鐵木真		起輦谷
太宗	窩濶台		起輦谷
定宗	貴由		起輦谷
憲宗	蒙哥		起輦谷
世祖	忽必烈		起輦谷
成宗	鐵穆耳		起輦谷
武宗	海山		起輦谷
仁宗	愛育黎拔力八達		起輦谷
英宗	碩德巴拉		起輦谷
泰定帝	也孫鐵木耳		起輦谷
文宗	圖帖睦爾		起輦谷
明宗	和世瓎		起輦谷
寧宗	懿璘質班		起輦谷
順帝	妥懽帖睦爾		北葬（起輦谷？）
後代嗣皇帝追尊先世			
睿宗	拖雷		起輦谷
睿宗為蒙哥追尊			

　　元朝諸帝葬於起輦谷，關於起輦谷的今址，現在沒有人能確定。因元陵有

萬馬蹴平之制，不成陵形，實無可推求。〔註1〕按《歷代陵寢備考》：「按起輦谷在漠北，元諸帝皆從葬於此，不加築為陵，無陵名。」

明·葉子奇《草木子》卷之三下：「元朝棺裏。用梡木二片。鑿空其中。類人形小大合為棺。置遺體其中。加髹漆畢。則以黃金為圈。三圈定。送至其直北園寢之地深埋之。則用萬馬蹴平。俟草青方解嚴。則已漫同平坡。無復考誌遺跡。」

按清·孫承澤《春明夢餘錄》：「元代無陵，遇大喪棺用楠木二片，鑿空，其中類人形，大小合為棺，置遺體於內，殮用皮襖、皮帽、靴靴繫腰，俱用白粉皮為之殉，以金壺瓶二，盞一，碗、碟、匙，筋各一，殮訖，用黃金為箍，四條以束之。送至直北，園寢之所，深埋之，用萬馬蹴平，候草青方，已使同平坡，不可復識。」

《元史·太祖本紀》：「二十二年丁亥……五月……閏月，避暑六盤山。六月……帝次清水縣西江。秋七月壬午不豫。己丑崩於「薩里川哈老徒之行宮。……葬起輦谷。」

六盤山是位於今甘肅省東南的一座山，「清水縣」則位於六盤山南面；「薩里川」意即黃色的草原，位於蒙古的起輦河上游。「哈老徒」是指有湖泊的地方，蒙古在這附近可能建了一個行宮，然後將成吉思汗葬此。〔註2〕

第一，不儿罕合勒敦山。拉施特丁說：成吉思汗、拖雷汗、蒙哥汗以及忽必烈等元朝皇帝的遺骨，都葬在「稱為不儿罕合勒敦的地方」〔註3〕

第二，起輦谷。《元史》數處記載：成吉思汗、窩闊台汗、貴由汗及元世祖忽必烈等諸帝，都葬在名叫「起輦谷」的地方。

第三，瀘溝河畔。彭大雅、徐霆《黑韃事略》說：「霆見忒沒真墓在瀘溝河之側，山水環繞。相傳云，忒沒真生於此，故死葬於此。」〔註4〕

第四，大鄂托克。無名氏撰《黃金史綱》載：「其（成吉思汗）真身，有人講，葬於不峒罕哈里敦；有人說，葬在阿爾泰之陰、肯特山之陽名為大鄂托克的地方。」

第五，八白室。清代的《欽定理藩則例》記載，伊克昭盟成吉思汗的八白

〔註1〕《舊都文物略》，北平市政府出版，1935年，陵墓略，頁1。
〔註2〕〔日〕勝滕雄著、辛錦俊譯：《成吉思汗》，台北：星光出版社，1979年。
〔註3〕〔波斯〕拉斯特主編、余大鈞等譯：《史集》，北京：商務印書館，1983～1985年版，第1卷第1冊259頁。
〔註4〕南宋·彭大雅、徐霆：《黑韃事略》，海寧王靜安先生遺書本。

室為「園寢」。即今伊金霍洛旗的成吉思汗陵所在地。〔註5〕

　　成吉思汗和元朝皇帝的葬地是一個，而說法却有以上 5 種。這恰似 5 條歧路出現在我們面前，選擇哪一條路更易於盡快接近目標，看來採取人們常用的先易後難的排除法可以少走彎路。我們還是沿著前人探尋過的路線進行考察，先從容易通過的道路走起。

　　一是八白室說，八白室是祭祀成吉思汗的祀堂，而並非是葬地。據《元史·祭祀志》記載：「至元三年秋月，始作八室神主，設祐室。冬十月……命平章政事趙璧等集議，製尊諡廟號，定為八室。」

　　蒙古習俗尚白色，所謂八白室，就是由八室演變來的。由於時隔久遠，清人誤把祀堂和葬地混為一談，故將伊克昭盟伊金霍洛的祭祀之地稱做「園寢」。〔註6〕

　　日本共同社發自北京的報導說，中國元朝時代成吉思汗的陵墓，自 1985 年 8 月 1 日起全面對外開放。

　　成吉思汗的陵墓最初位於阿爾泰山中，一六四九年移到了現在的地點。過去只對蒙古族人開放參觀，外族或外國人都被禁止前往。

　　一九五四年，成吉思汗陵墓的周圍曾經修復過，並建立了三棟蒙古式的陵宮殿。殿內除了供奉成吉思汗的雕像外，成吉思汗生平的重大事件，也以高四公尺，長五十公尺的壁畫描繪出來。〔註7〕

　　成吉思汗陵寢的所在地，學者意見不一。宋人彭大雅、徐霆所著《黑韃事略》，言陵墓在外蒙古克魯倫河畔。張相文係上個世紀二、三十年代中國著名地理學家，曾任天津北洋女子高等學校校長，並在北京大學等講授地理學。他在 1909 年（清宣統元年）創辦中國地學會，曾編輯中國最早的地理學期刊《地學雜誌》，著有《中國地理沿革史》、《西遊錄今釋》和《成吉思汗陵寢辨證書》等。他在《成吉思汗陵寢發見記》一文中，根據蒙古人近世傳說和清朝官方文書，認為陵墓在河套的榆林附近。但在這兩種說法中，仍然以主張外蒙古說的較多。

　　目前，各國考古專家關於成吉思汗墓地確切位置的圈定，比較認同 4 個

〔註5〕韓志遠：〈成吉思汗與元代皇陵之謎〉，收入劉小萌主編：《世紀存疑·歷史考古卷》，太原：山西人民出版社，2001 年。

〔註6〕梁越：《大汗的挽歌——尋找成吉思汗的陵墓》，北京：中國民族攝影藝術出版社，2004 年，頁74～75。

〔註7〕台北自立晚報駐日記者陳世昌東京專電，〈成吉思汗陵墓，中國已經開放〉，台北：《自立晚報》，1985 年 8 月 1 日。

地點。

　　一是位於蒙古國境內的肯特山南、克魯倫河以北的地方；二是位於蒙古國杭愛山；三是位於中國寧夏的六盤山；四是位於內蒙古自治區鄂爾多斯鄂托克旗境內的千里山。〔註8〕

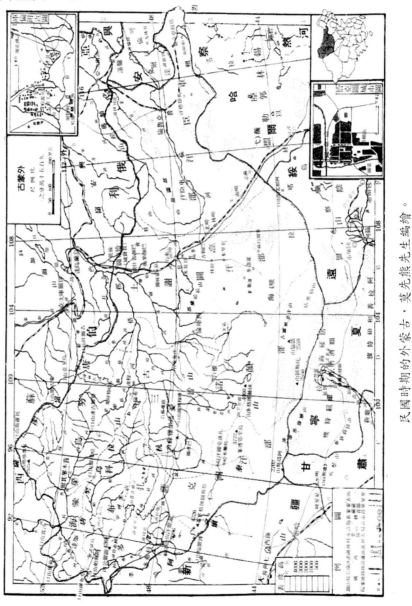

民國時期的外蒙古，莫先熊先生編繪。

〔註8〕梁越：《大汗的挽歌——尋找成吉思汗的陵墓》，北京：中國民族攝影藝術出版社，2004年，頁63～65。

　　【中國時報綜合報導】根據日本讀賣新聞 1989 年 8 月 17 日報導，日本學者專家與外蒙已簽訂協議，將針對成吉思汗的陵墓進行世界上首度的探索與調查。

　　根據《元朝秘史》所載，成吉思汗於一二二七年八月十八日因狩獵墜馬而於甘肅省辭世。其遺體被秘密運回故鄉蒙古肯特山一帶，葬於鄂嫩河、克魯倫河及土拉河三河源頭匯合的山谷中。同時《元史》還明白指出成吉思汗的陵寢是位於起輦谷。

　　不過，在成吉思汗死後的七百六十年，在於當地卻無任何遺蹟可考。因而，引起了學者對於元朝開國英雄陵寢一探究竟的強烈慾望。

　　此次日本與外蒙簽約後，將由 1990 年春天開始的三年內使用最新科技方法加以探尋研究。如果有成，屆時將可使全世界一窺這位偉大帝王陵寢的神祕面貌。〔註9〕

　　據史載，元代諸帝皆葬於所謂的起輦谷。蒙古人把這塊墓地稱之為「大禁地」。《蒙古黃金史綱》稱作不儿罕哈勒敦。波斯學者拉施特《史集》多次明言成吉思汗的大禁地在不儿罕·合勒敦山，幼子拖雷及孫蒙哥合罕、忽必烈合罕、阿里·不哥以及其他後裔也埋葬在那裏。但另外又說靠近色楞格河之不答溫都儿有成吉思汗的大禁地，除忽必烈外，所有其他宗王均葬於此。關於元朝的「大禁地」究竟在何處，異議甚多。如歷史地理學家張相文認為，成吉思汗的葬地在鄂爾多斯的伊金霍洛；而著名蒙古史學家屠寄認為在今蒙古國的克魯倫河曲之西，土拉河之東，肯特山之陽。為了保守秘密，不讓人知道大汗的確切葬地，在前往墓地的當天，如遇有行路之人，皆盡行殺戮。〔註10〕

　　對成吉思汗之死及其葬地爭論的焦點是：《元史·太祖紀》說成吉思汗死於「薩里川合老徒之行宮」，「葬起輦谷」。這個「起輦谷」究竟位於何地？歷代對此眾說不一。及至近代，北京大學的張相文先生認為，今鄂爾多斯伊金霍洛的「忽幾爾圖溝，可能就是所謂的起輦谷，這兩個詞的譯音也彷彿相近。」著名的蒙古史學家屠寄則認為起輦谷「即今土謝圖汗中旗之東庫倫。」張、屠二氏各執一見，在《地學雜誌》上連篇累牘地進行爭論。究竟二說孰是呢。一般看法是，屠寄之說更具有說服力。但是，成吉思汗葬地的方位是否確如屠寄

〔註9〕〈成吉思汗陵墓之謎，將被公開——日與外蒙協議，進行三年研究揭開神秘面紗〉，台北：《中國時報》，1989 年 8 月 19 日。

〔註10〕梁越：《大汗的挽歌——尋找成吉思汗的陵墓》，北京：中國民族攝影藝術出版社，2004 年，頁 35。

所言呢？至今仍難下斷語。

在《元史》中，成吉思汗及元朝皇帝們的埋葬處都被寫成「起輦谷」3字。一代代學者們推敲之後，擬音為 Keluren 谷，即元代漢譯中的「怯綠漣」河，今天多用漢字「克魯倫」音譯──那是一條名河，河谷遼闊，地表上並沒有封土（即「塚」）或其他陵寢建築。〔註11〕

《蒙古源流》記載，成吉思汗逝世後，「因不能請出金身，遂造長陵共仰庇護，於彼處建立白屋八間，在阿拉坦山陰哈岱山陽之大謈特克地方。〔註12〕」清代張穆《蒙古遊牧記》引證此話之後說明，「就史稱起輦谷其地在今賽因諾顏左翼右旗與鄂爾多斯右翼中旗之交無疑也」。所謂「謈特克」，即是鄂托克，這是鄂爾多斯右翼中旗的俗稱，即今鄂托克旗，不過是蒙語的相近漢語音譯。張穆還說，「阿拉坦山即此右翼中旗西北之阿爾布坦山。該旗西北阿爾布坦山，舊名省嵬山，二百二十里接賽因諾顏部界。」

謈特克、鄂托克，均是從古代之「甌脫」轉譯而來。鄂托克地區，地勢高亢，扼黃河之要衝，古稱「甌脫」。此地自春秋戰國以來，即為歷朝歷代兵家必爭之地。《史記》、《漢書》中均有記載，「匈奴冒頓單于與東胡王爭甌脫外充地」的戰役，就是在今鄂托克旗境內展開的。

據鄂托克旗史辦主任、《鄂托克旗志》主編仁欽先生和蒙古族學者巴圖吉日嘎先生多年的考證，鄂托克旗阿爾巴斯地區的地名，頗多與上述歷史記載相吻合──

鄂托克旗西北部靠近黃河有一座山即千里山，山間有溝名千里溝。其名的蒙古語為「其額勒」，與「起輦」諧音，漢意為人迹罕至的高山深峽，即龍潭虎穴。起輦、千里均從「其額勒」轉譯而來，起輦谷應即千里溝。

潘照東研究員曾數次穿越此山，此溝，其山勢險峻，古代樹木繁茂，野獸出沒；溝中至今流水潺潺。起輦谷據說還有另一種解釋：古代帝王所乘之車曰「輦」，皇帝所乘之車曰「龍輦」，皇后所乘之車曰「鳳輦」。傳說成吉思汗靈車行到此地，深陷泥中，五部人馬拉之不動。眾將跪拜，向聖祖承諾，日後必於此處擇地建白屋祭奠。隨後大呼「起輦」，靈車果然啟動。此後即將此谷名為「起輦谷」。

〔註11〕 梁越：《大汗的挽歌──尋找成吉思汗的陵墓》，北京：中國民族攝影藝術出版社，2004 年，頁 67。

〔註12〕 清・薩囊徹辰、洪台吉、道潤梯步譯校：《欽定蒙古源流》，呼和浩特：內蒙古人民出版社，2007 年 2 版，卷四，頁 161。

　　在千里溝（起輦谷）西北數公里有一處谷地，依山傍水，是個風水寶地，名為包特高西力，漢意為「駝羔梁」、「有駝羔的草場」，相傳是安葬成吉思汗後殺駝羔處。

　　包特高西力東北約 10 公里有寶拉陶勒亥，漢意為小山丘。相傳成吉思汗第六次南征西夏時，先攻佔了控御黃河的戰略要地阿爾巴斯山──阿爾布坦山。當成吉思汗率大軍行至寶拉陶勒亥時，駐馬高坡，縱情四顧，山青水秀，風光秀麗，陶醉之際手中的鏤金銀馬鞭不覺墜地。侍從欲去撿起，成吉思汗揮手制止，沉思良久，說：「梅花幼鹿棲息之所，戴勝鳥兒孵化之鄉，衰亡之朝復興之地，白髮吾翁安息之邦。我看這個地方很美，死後就埋葬在這裡吧。」

　　寶拉陶勒亥東側有霍洛圖山，即環行山，碗狀山，相傳即為《蒙古源流》中所說的祭祀成吉思汗的「長陵」所在。

　　在《史集》、《多桑蒙古史》、《蒙兀儿史記》、《元史譯文補證》等重要的史籍中，都記載了成吉思汗在「翁渾──答蘭──忽都黑」（翁渾的 70 眼井）地方做了噩夢，知道自己將不久於人世。那麼成吉思汗完全可能逝於鄂托克，為保證戰爭勝利，秘不發喪，而停靈於阿爾寨山頂之陰涼的石窟中，在滅西夏之後才「造長陵共仰庇護」。

　　成吉思汗去世後，「於彼處建白屋八間，在阿拉坦山陰哈岱山陽之大鄂特克地方」。這八座白色的蒙古包，稱為「鄂爾多斯」，供奉成吉思汗的英靈和遺物。在漫長的歷史歲月中，鄂爾多斯部供奉著八白室輾轉遷徙，行遍萬里草原，供人們瞻仰。清朝初年，鄂爾多斯部才遷到伊克昭盟郡王旗。八白室所在地因此得名「伊金霍洛」，意為「聖主之陵園」。

　　幾百年來，蒙古人就以成吉思汗生前居住的八座白色宮帳──八白室作為象徵性的陵寢來祭祀他。八白室一直隨負責守護的鄂爾多斯部遷移，最終於1649 年定居於今天的內蒙古。

　　伊克昭盟的伊金霍洛旗。1956 年，這裡建起了成吉思汗陵，其主體是一個由 3 座蒙古包式的大殿構成的宏偉建築，金色穹頂，松柏相映，威嚴而肅穆。雖然它裡面只供放著成吉思汗身前用過的馬鞍、弓箭等遺物，但它卻是蒙古族人祭祀、懷念成吉思汗最主要的場所，所以每年這裡都要舉行隆重的祭祀活動。〔註13〕

〔註13〕梁越：《大汗的挽歌──尋找成吉思汗的陵墓》，北京：中國民族攝影藝術出版

清‧張鵬翮撰《奉使俄羅斯行程錄》:「康熙二十七年五月初一日,陛辭。初二日寅時啟行。十八日次歸化城北,蒙古語庫庫河屯也。十九日入城觀甸城碑記。按歸化城乃元之豐州,(唐豐州當在河套西北近寧夏界元和志云豐州西南至靈州九百里靈州今屬寧夏衛)。二十日早發,二十一日入祁連山,(此山亦名祁連非《元和郡縣圖志》甘伊西諸州之祁連山也),有土城廢址,疑即碑所云甸城也。遠望石峯疊翠,入其中則平阜蜿蜒,相傳元世帝后俱潛厝此山而不立陵墓。」

鄂托克旗的千里溝(起輦谷)的百眼井周圍地區,當時為水草豐美之地,有數條河流潺潺流入黃河。如為放牧所需,絕無必要在狹小範圍內開鑿如此眾多深井的必要。答案只能從成吉思汗第六次南征西夏時,在鄂爾多斯地區的活動中去找。據當地牧民介紹,這裡原來有 108 眼深井,隨著風吹沙捲,有些井毀棄了,目前仍剩下 80 多眼。由於生態惡化,水位下降,多數已無水可取。傳說,當年成吉思汗南征時,在這一地區駐屯大軍,一日,成吉思汗帶著 108 隻獵狗,在草原上圍獵黃羊、狍子、狐狸。正時秋高氣爽,晴空萬里。人困馬乏,獵狗焦渴難耐。成吉思汗心急如火,急命兵器巨匠堯勒達日瑪以最快的速度找到水源地,鑽出 108 眼井,解了燃眉之急。從此,百眼井得名「敖楞腦海音其日嘎」。

這只是一種神奇的傳說。據考證,成吉思汗第六次南征西夏時,數十萬大軍在此屯聚約一年之久,為保證兵馬飲水需要,遂開鑿了眾多水井。這一地區,在拉施特丁的《史集》以及《多桑蒙古史》、《蒙兀兒史記》、《元史譯文補證》等史籍中,均有記載。《史集》中有兩處提到「翁渾——答蘭——忽都黑」一地,漢譯為「翁渾的 70 眼水井」,當為百眼井地區。〔註14〕

鄂爾多斯高原鄂托克旗的阿爾寨石窟重大遺蹟與《蒙古秘史》記述吻合研判是太祖真正停靈所在。

內蒙古社會科學院研究員潘照東日前表示,位於鄂爾多斯高原鄂托克旗的阿爾寨石窟,很可能就是成吉思汗真正的墓地。據稱,有關考古專家在此地發現一系列有馬成吉思汗的重要遺蹟,其規模之大、場景之周詳,不但為歷史還原提供了強有力的資訊支撐,還將再次把世界考古專家的目光聚攏到

社,2004 年,頁 131～133。

〔註14〕梁越:《大汗的挽歌——尋找成吉思汗的陵墓》,北京:中國民族攝影藝術出版社,2004 年,頁 130～131。

鄂托克。

　　據北京晨報報導，潘照東等研究人員發現的成吉思汗重大遺蹟，離鄂爾多斯市境內的成吉思汗陵不足兩百公里，遺蹟地貌、地名等特徵，與《蒙古秘史》、《史集》、《蒙兀兒史記》等史料中有關成吉思汗葬地的描述極其吻合。

　　報導說，在鄂托克旗阿爾巴斯蘇木一馬平川的耳原上，突然兀起一座數十公尺高的紅色砂石平頂山，山上洞窟鱗次，共計一百零八眼，這就是神祕的阿爾寨石窟。在該石窟東南側的十號石窟為成吉思汗養傷時所住。石窟前方一里以外豎有成吉思汗的箭靶，至今仍可尋到。

　　據指出，在阿爾寨石窟山頂平台西北處，有一個人工開鑿的坑道，北側連接成吉思汗養傷的住所，這個地下石窟在阿爾寨一百零八眼石窟中最為特殊，因為別的窟都是依山勢在側面開鑿，唯獨這眼窟是挖進地面以下，然後才開鑿的，專家認為，這眼窟很可能是成吉思汗死後的停靈所在。在第二十八號窟中，西面牆上有一幅壁畫。有專家認為是「蒙古族喪葬圖」，而潘照東認為，這幅壁畫應是「成吉思汗安葬圖」。值得一提的是，這幅壁畫中部，成吉思汗家族與密宗法王間，藍黑色背景上，繪有一座赭紅色平頂山，頗似阿爾寨石窟山。

　　據了解，公元 1227 年，成吉思汗在南征西夏時逝於軍中。根據《元史》記載：「太祖二十二年圍西夏，閏五月避暑於六盤山，六月西夏降，八月崩於薩里川哈剌圖行宮，葬於起輦谷」。數百年來，包含中外的幾代學者都試圖解開這段記載的千古之謎。

　　目前各國考古專家關於成吉思汗墓地確切位置的圈定，比較認同四個地點：一是位於蒙古國境內的肯特山南，克魯倫河以北的地方；二是位於蒙古國杭愛山；三是位於寧夏的六盤山；四是位於內蒙古鄂爾多斯鄂托克旗境內的千里山。〔註15〕

　　二○○○年七月十七日星期一以後的這個星期，可能是「尋找成吉思汗」遠征隊在二○○○年四月二十七日離開台灣，展開為期一年半的遠征以來，心裡面壓力最大的一個星期。

　　七月二十一日 TVBS 晚間蒙古連線即時新聞報導，遠征隊已經離開塔克什肯口岸蒙古這一邊，TVBS「尋找成吉思汗」遠征隊的攝影隊第二隊主持人希瑪拉歐斯如此報導。七月二十二日晚上十一點遠征隊隊長賴信宏來電他們

〔註15〕2002 年 7 月 12 日，台北：《中國時報》，朱建陵報導。

已於晚上八點經蒙古由塔克什肯口岸順利進入新疆了，口岸的主管及承辦人員對遠征隊相當禮遇，遠征隊一到口岸他們即以新疆名產哈密瓜招待，當地青河縣旅遊局局長焦克敏先生親自到口岸接待。焦局長並答應將親自帶遠征隊去參觀位於市郊西南二十四公里的豐汗溝隕石群遺跡及三道海子的石堆墓，此古墓規模壯觀，當地牧民傳說它是成吉思汗之陵墓，而有學者考證其為蒙古國第三代大汗——貴由汗之陵墓。古墓附近並有成吉思汗西征時，開闢的「哈爾嘎特大道」古棧道遺蹟，此即為當時蒙古大軍西征時行經之歷史遺蹟，至今仍保存完好。

什肯口岸順利進入新疆了，同時隊長賴信宏決定將先至烏魯木齊，一為隊員張松桂治療胸部撞傷，二為申辦遠征行程中第三個國家——哈薩克斯坦的簽證。徐海鵬也決定將於七月二十七日啟程赴烏魯木齊與遠征隊碰面，因為遠征隊在蒙古的八十二日行程完成了將近一千七百五十公里的行程，並且他們的文字及圖片紀錄也很正常的後傳台灣，他們已經很順利雖然很辛苦的完成了第一個國家的行程，應該當面向他們致敬及鼓勵。〔註 16〕

一個找尋成吉思汗遺體埋葬地點的團隊今天宣布已在蒙古共和國首都烏蘭巴托東北方三百廿二公里處發現了圍有牆垣的陵寢，可能是成吉思汗長眠之地。

該探險隊的領隊，芝加哥大學歷史系教授伍茲表示，他們計畫要與來自美國和蒙古的其他專家，共同進一步探查位於蒙古翰提省巴錫里鎮郊的這處地點。

這個團隊稱為「成吉思汗史地探險隊」的團隊是由美國芝加哥地區前期貨交易商暨律師克拉維茲所組成，自 1995 年展開探勘任務。克氏是一名業餘的探險家，已鑽研成吉思汗的相關史料近四十年。

伍茲也指出，在確證該地點為成吉思汗安息處之前，他們仍須對此地進行專業的考古調查。該處位於山丘頂的陵園至少有廿處尚未開挖的陵墓，顯然均為地位崇高者的安息地。

中國方面曾有一個考古小組於 2000 年 9 月間宣佈，在中國大陸西北部地區發現據信為成吉思汗遺體下葬處的陵墓。

根據傳說，成吉思汗於 1227 年駕崩下葬後，其麾下八百名士兵屠殺了安

〔註16〕徐海鵬：〈塔克什肯口岸風波〉，台北：《中國時報·人間副刊》，2001 年 1 月 18 日。

葬成吉思汗的二千名僕役，而這八百名士兵返回蒙古帝國首都後，也悉數遭殺害，此舉旨在防杜成吉思汗下葬地點的祕密外洩。〔註17〕

考古隊發現石板覆蓋近三公尺長的壕溝、馬的牙齒、動物骨骸及人的頭骨，但未看到墳墓。考古隊成員說，這裡可能是舉行犧牲獻祭儀式的地方。

考古隊領隊美國芝加哥大學教授伍茲說：「我們希望明年能回來，但這項考古工作目前命運未卜。」

組織考古隊的克拉維茲尋找成吉思汗陵墓已經四十年，他這次找了一些人投資一百廿萬美元。〔註18〕

【記者周美惠／台北報導】一代霸主成吉思汗密葬何處？八百年來一直成謎。華裔美籍探險家林宇民率卅一人探險隊深入蒙古尋覓，一場暴風雨沖刷出八百年前的瓦片，讓失落的成吉思汗墓露出一線曙光。

成吉思汗的死與他身葬何方，八百年來充滿各種傳聞。背上有著「蒙古斑（胎記）」的林宇民（Albert Lin）自認擁有蒙古血統。有鑑於蒙古非法開採金礦的情況越來越嚴重，成吉思汗下落不明的陵寢，隨時可能遭破壞。本身是工程師的林宇民決定號召一群專家尋找成吉思汗之墓，這卅一人取得蒙古政府許可後，開始進行非侵入性的科學探勘。

三個多月的探險中，探險隊員前進從成吉思汗時代即被列為禁區的聖地、探索廣達一萬二千平方公里的遼闊山區。在沒有地圖、路標的情況下，他們將衛星定位系統承載在飛行器上，前進禁區內的「不兒罕合勒敦山」一探究竟。

在古時，禁區內一般人不能進入。外界推測，成吉思汗禁止人民進入禁區的原因，是因為這座聖山，將是他的長眠之處。八百年來，許多人試圖探密，但都無功而返。

探險途中，他們利用探地雷達、高科技衛星攝影、科學方式解析、加上全球一萬多名網友的支援，試圖突圍。林宇民自認，「這次探險是一個瘋狂的挑戰」，他們既得面對惡劣的地形與暴風雨的挑戰，還得跟日益囂張的盜墓賊賽跑，勝算似乎微乎其微。

但就在一次暴風雨後，意外沖刷出一片殘瓦。經由考古學家檢驗，這片殘

〔註17〕 2001 年 8 月 17 日，台北：《中國時報》，陳文和／路透芝加哥 8 月 16 日電。
〔註18〕 2002 年 8 月 15 日，台北：《聯合報》，楊清順編譯自美聯社烏蘭巴托，2002 年
　　　　8 月 14 日電。

瓦竟是成吉思汗時代，用來建造房屋的瓦片。如今這個突破性的發現，正等待蒙古官方的回應。

林宇民的探險之旅尚未終結。記錄其探險歷程的紀錄片〈失落的成吉思汗之墓〉，2011 年 12 月 3 日 11 時在國家地理頻道首播。〔註 19〕

農曆三月廿一日為元太祖的大祭日，也是蒙古民族祭祀祖先的日子。

白雲梯先生回憶民國十五年的農曆三月廿一日，由北京往綏遠境內，到元太祖陵寢拜祭，祭典之盛況與忙碌情形，好像過年一樣熱鬧，殺牛羊、辦祭品、穿新衣、戴新帽，婦女們更是盛裝打扮，到處人山人海。

蒙胞先是洗刷馬匹駱駝，以備一大早起程趕路往伊盟，在陵寢附近散居著守靈的衛隊，身穿黃色緞長袍，扎腰帶，他們的服裝依然保留了元代的古風，每逢祭日，更是身著盛裝，以增加祭日嚴肅的氣氛。

在正式祭期內的每天晚上，蒙古包內敲鑼召集附近的蒙族男女進包唸經，經文並不是唸什麼佛經，所唸不太長，以蒙語反複背誦，所唸內容是祖先的遺囑。三月廿一日早晨祭典開始，靠近會場搭了四座特大富麗的蒙古包，把祖先和他們子孫留下來的遺物，陳設在聖櫃上，如刀劍，弓，矛，畫像等，以供瞻仰，四座蒙古包是特製的，用金銅寶頂，黃綾的披罩，蒙胞在包內跪滿時，也可在包外跪著向祖先致祭，在莊嚴肅穆中，蒙古貴族代表，每敬一次酒，或捧托一整盤羊，一面高唱著走進蒙古包去，兩旁還有四個陪祭的或是侍祭的蒙古人，向前平伸兩臂，手心向下，與主祭人並肩合聲唱著進去致祭，主祭人致祭膜拜之後，還要向聖櫃內奉上祭禮金，禮金也就是維持侍衛隊的生活經費來源，同時主祭人還得賞給包內執事們喜錢。

從遠處看過去，整個會場，充滿了人群，牲口和蒙古包參與祭典的漢族同胞也同樣興奮和禮敬，黃昏時刻的大草原上，一團團的炊煙在空中飄散，那是漢胞在燒飯，蒙古包頂上冒出藍煙，那是蒙人蹲在包內吃炒米及奶油茶，蒙古包外用乾牛糞烤著肥美的羊肉，那羊肉烤熟時，肉香隨著微風飄散遠處，令人垂涎，同時草原上進行著歌舞和角力，在白天還有騎射比賽，祭日到了農曆三月廿五日，大祭會期屆滿，護靈的蒙胞把那四座特大的蒙古包拆下，裝在四輛大型的駝車上，每輛用三匹大駱駝在前面拖曳，排成品字形，套上繩韁，送回

〔註 19〕〈發現 800 年殘瓦，成吉思汗墓近了？——華裔探險家帶領前進蒙古聖山以探地雷達、衛星攝影等突圍一場暴風雨可能意外揭開密葬之謎〉，台北：《聯合報》，2011 年 12 月 3 日。

原先陵寢的所在，車隊兩傍有幾匹沒人敢騎的白色神馬伴行，另外更有無數的護靈人員，手執旌仗戟傘，騎著駿馬送包回陵。

在陵廟內隆重舉行安靈祭典，除了祭酒上香之外，同時還伴奏各種蒙古樂器，廟院內外沙地上，不分男女老少，大家都頂禮下拜，這就是祭典儀式全部的經過。今天又逢大祭之日，謹以哈達、鮮花、清酒、牛奶、上香儀式，代替牛羊，致祭元太祖靈前，緬懷先人。〔註20〕

1990 年 9 月，作家席慕蓉女士回鄉謁聖祖成吉思汗之陵，由感而發作此文，以描述成吉思汗陵。

史書上說，聖祖成吉思汗的陵寢，是在蒙古國（外蒙古）的斡難、怯綠連、土剌三河發源之地不兒罕山、合勒敦諸山之中，陵地名起輦谷，然而葬後密林叢生，至今也無人能清楚辨識究竟是在哪一處確切的地點了。

位於內蒙古自治區鄂爾多斯高原之上，卻有一處衛護傳承了七百多年的陵園聖地，那就是伊克昭盟的伊金霍洛。

「伊金霍洛」，在蒙文的字義是「我主的營帳」，或是「主之園地」。

這裡是安放和供奉聖祖成吉思汗與他的夫人孛兒帖哈敦靈柩的地方，然而，雖說是可汗陵園，卻並非聖祖真正的埋骨之地，而是一座「衣冠冢」。

鄂爾多斯地方父老的傳說，是說成吉思可汗征西夏時路過此處，看見風景優美，金鹿在林間徜徉，是美麗富饒之鄉；當時可汗突然失手落下馬鞭，隨從想要拾取的時候，可汗阻止了他，並且認為這其中必有緣故，曾經曉諭說，死後可葬於此處。

結果一二二七年八月十六日，可汗駕崩於薩里川哈老徒之行宮。諸將密不發喪，奉柩日夜兼程歸返蒙古。回程又經過這裡的時候，靈車的車輪深陷於泥淖之中，怎樣也拉不起來。這時左右有人想到先前可汗失落馬鞭時說所說的話，就將他生前使用的一些物件留了下來，靈車才重新移動。

《汗統黃金史綱》中也有記載：「聖主來此（為風光）動情而降旨，故靈車陷於泥淖而沒輻也。」又說：「向全國發布通告，佯稱（將聖主入葬），實則只將所穿衣衫、所住府邸、單隻襪筒葬於彼也。」

氈帳之民，即使是他們的領袖也從未離棄過草原的傳統。成吉思可汗一生之中，一直保持了草原民族簡樸純真的美好習慣。因此，伊金霍洛的祭奠活動，發端於窩闊台可汗時期，到了忽必烈可汗之時，為了表示遵守舊制，

〔註20〕白雲梯：〈蒙胞祭祖〉，台北：《聯合報》，1978 年 4 月 23 日。

所以仍然將祖父的靈柩，安放在傳統的蒙古宮帳之中。

雖然只是衣冠塚，但是忽必烈可汗仍然頒佈聖旨，詳細規定如何向聖祖四時獻祭，更擬定了祭禮的詳文細則。甚至還從四十萬青色蒙古的各部之中，從四面八方征調出五百戶守衛的勇士，這些勇士被稱為「主聖的五百戶沙日達爾哈特」。

他們是世襲的職務，七百多年來，唯一的任務就是守衛與祭祀。守護聖主的陵園，不分晝夜，不分冬夏，並且恭敬謹慎地延續一切由忽必烈可汗時代就規劃好了的大小祭典。

他們不納任何捐稅，不服任何兵役，甚至不為任何其他的皇帝服喪。並且可以以祭奠聖主的名義，向任何人從百姓到官員到可汗去征收募化祭祀的用品。這是自初始以來就賦予他們的神聖權力，因此叫做「達爾哈特」，就是「神聖的人」的意思。

七百多年來，靠著這些神聖的衛士們一代又一代的盡心維護，伊金霍洛的祭典就像一本從歷史、文化、信仰、風俗、法律、世系到語言的大書，把蒙古民族傳統的精華絲毫無損的傳承了下來。即使在文革時期遭逢浩劫，所有珍貴的歷史文物被劫掠殆盡，老達爾哈特們仍忠心耿耿用自己的記憶努力想使一切復原。

一九九〇年九月，席慕蓉女士第一次謁聖祖成吉思可汗之陵，靜聽老達爾哈特用清朗的語音誦讀古老的贊歌，友人與席慕蓉女士都不禁淚下如雨。〔註21〕

〔註21〕席慕蓉：〈伊金霍洛與達爾哈特〉，台北：《中國時報》，2001 年 5 月 3 日。

圖　版

成吉思汗陵

內蒙古自治區，伊金霍洛旗。（取自香港：《中國旅遊》雜誌，約 1980 年）

成吉思汗陵瓦當殘片？

紀錄片「失落的成吉思汗之墓」，林宇民探險隊尋獲的殘瓦片為重要線索。
圖／國家地理頻道提供，取自台北：《聯合報》2011 年 12 月 3 日。

克拉維茲考古隊認為此地已離成吉思汗陵墓不遠

圖片取自梁越：《大汗的輓歌——尋找成吉思汗的陵墓》，北京：中國民族攝影藝術出版社。

被懷疑為成吉思汗墓地的阿爾寨石窟

圖片取自新浪網，潘照東研究員提供。

成吉思汗墓　就在這附近？

日本與蒙古的聯合考古小組 2004 年 10 月 5 日宣佈，他們在蒙古中部阿維拉加發現一個建造於十三至十五世紀之間的建築物廢墟，成吉思汗的陵墓應該就在距離此一建築物十二公里的方圓內。成吉思汗陵墓所在地至今仍是不解之謎，為防止有人盜墓，他的陵墓並無任何標記。圖為考古小組二○○一年九月公佈的此一建築物廢墟照片，考古學家認為它應是成吉思汗陵墓的地基。台北：《聯合報》，2004 年 10 月 7 日，美聯社傳真照片。

第二十章　明朝陵寢

帝　系	姓　名	陵　名	陵　地
先　世			
德祖	朱百六	祖陵	江蘇省淮安市盱眙縣城西北 10 公里洪澤湖西畔基運山楊家墩。
懿祖	朱四九	祖陵	江蘇省淮安市盱眙縣城西北 10 公里洪澤湖西畔基運山楊家墩。
熙祖	朱初一	祖陵	江蘇省淮安市盱眙縣城西北 10 公里洪澤湖西畔基運山楊家墩。
仁祖	朱世珍	皇陵	安徽省滁州市鳳陽縣翊聖山。
本　朝			
太祖	朱元璋	孝陵	江蘇省南京市鍾山之陽。
惠帝	朱允炆		不詳
成祖	朱棣	長陵	北京市昌平區天壽山康家莊。
仁宗	朱高熾	獻陵	北京市昌平區天壽山西峰下。
宣宗	朱瞻基	景陵	北京市昌平區天壽山東峰下。
英宗	朱祁鎮	裕陵	北京市昌平區石門山。
代宗	朱祁鈺	景泰陵	北京市海澱（甸）區玉泉山金山口。
憲宗	朱見深	茂陵	北京市昌平區聚寶山東，稍南。
孝宗	朱佑樘	泰陵	北京市昌平區筆架山東南。
武宗	朱厚照	康陵	北京市昌平區金嶺山東北。
世宗	朱厚熜	永陵	北京市昌平區陽翠嶺。
穆宗	朱載垕	昭陵	北京市昌平區大峪山東北。
神宗	朱翊鈞	定陵	北京市昌平區大峪山。

光宗	朱常洛	慶陵	北京市昌平區天壽山西峰右。
熹宗	朱由校	德陵	北京市昌平區雙鎖山檀子峪西南。
思宗	朱由檢	思陵	北京市昌平區錦屏山。
南　　明			
安宗	朱由崧		
紹宗	朱聿鍵		福建省福州羅漢嶺。
紹武	朱聿鐼		廣東省廣東市越秀公園內。
魯王	朱以海		福建金門縣。
昭宗	朱由榔	興陵	廣西省梧州城西南十里西江南岸高望村之後。

一、明祖陵

　　號稱明代第一陵，位於縣城西北約 10 公里洪澤湖西畔的楊家墩。朱元璋建立明朝後，追尊其高祖朱百六為玄皇帝、曾祖朱四九為恒皇帝、祖父朱初一為裕皇帝，並築上述三代衣冠冢於該處。洪武十八年（1385 年），皇太子朱標受命修陵，歷 28 年，到永樂十一年（1413 年）才基本建成。再加上以後改建、擴建、翻建，加防水堤等，一直持續到萬曆二十六年（1598 年），前後計歷 213 年。陵墓外羅城土牆，周長「9 里 30 步」，與泗州城等長；中間為磚城，周長「4 里 10 步」，裡面為磚砌皇城。諸多的殿、廡、房、庫、亭、橋等交錯其間，陵區松柏萬株。

　　清康熙十九年（1680 年），黃河奪淮，明祖陵和泗州城同時被洪水淹沒。原有城垣和殿宇建築蕩然無存，高大的石刻全部倒伏。1966 年大旱，沉淪 286 年之久的部分石刻露出水面。為保護文物，1978 年，該地新築一道約 1900 公尺防水堤。1981、1982 年，石刻全部扶正，部分粘接、復位，250 多公尺的神道兩旁矗立著 21 對石像生。明祖陵石刻比孝陵、十三陵高大，工藝精美，形象生動。〔註1〕

表：明祖陵石刻情況一覽表

單位：公尺

名　　稱	數量	高度	長度	寬度	厚度	備　　註
麒麟	2 對	2.51	3.12	0.82		其中有一隻裂成 8 塊
獅子	6 對	2.50	1.83	0.80		基本完好

〔註1〕1993 年修《盱眙縣志》，南京：江蘇科學技術出版社，頁 686～687。

望柱	1 對	6.50				直徑 0.85 公尺，刻有花卉，柱礎斷裂
望柱	1 對	5.80				直徑 0.74 公尺，素身，柱礎斷裂
馬官	1 對	2.91	1.63	1.05	0.34	其中一座無頭，另 1 座裂為 38 塊
馬和拉馬侍者	1 對	2.65	2.88	1.00		兩者連為一體，其中 1 馬斷腿
馬官	又 1 對	2.91	1.63	1.05	0.34	其中 1 座無頭，1 座無面
馬	1 對	2.96	3.40	0.90		兩馬無唇
侍者	1 對	3.04	1.38	1.15	0.35	基本完好
文臣	2 對	3.25	1.65	1.05	0.34	斷裂成 40 多塊，無頭無足
武官	2 對	3.42	1.63	1.05	0.34	損壞較為嚴重
太監	2 對	2.90	1.63	1.05	0.34	損壞嚴重，其中 1 座無頭，兩座無面

〔註2〕

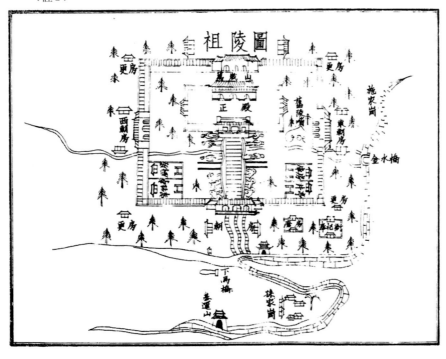

〔註3〕

〔註 2〕1993 年修《盱眙縣志》，南京：江蘇科學技術出版社，頁 687。
〔註 3〕圖採自 1993 年修《盱眙縣志》，南京：江蘇科學技術出版社，頁 688。

二、明皇陵

皇陵在中都城西南十里太平鄉,是明太祖朱元璋父母的葬地。龍鳳十二年修,洪武二年薦號「英陵」,旋改稱「皇陵」。《寰宇通志》:「皇陵在府城西南十五里太平鄉,國朝仁祖、淳皇后陵也。歲丙午(韓林兒宋龍鳳十二年,元順帝至正二十六年,1366 年)春詔修」。〔註4〕《明史・禮志》山陵:「皇考仁祖墓,在鳳陽府太平鄉。太祖至濠,嘗議改葬,不果,因增土以培其封,令陵旁故人汪文、劉英二十家守視。洪武二年,薦號英陵,後改稱皇陵」。〔註5〕朱元璋大哥、大嫂、二哥、二嫂、三哥、三嫂和兩個姪子的墳也都附鳳陽皇陵。

十王四妃墳,在中都城西北粉團洲淮水南岸白塔灣,離鳳陽府治二十五里,是朱元璋伯父、伯母、四個堂兄弟、三個堂嫂和五個姪兒的墳地。他們原來是散葬各處的,洪武初,「以各散葬者俱攢於此一處,建塋域,以便祀焉。」〔註6〕

皇陵的方位十分特殊。按照常規,皇家陵墓的方向座北朝南,其正門亦應向陽朝南。而皇陵卻座南朝北,正門斜向東北。造成皇陵方位特殊的原因是中都城在它的東北。據王劍英推斷,早在洪武二年第二次興建皇陵時,它的方位是朝南的。中都城建成後,為了使皇陵和中都城成為一個整體結構,才改變皇陵的方向。經過四年時間的興建,才完成皇陵方向的改變。

皇陵建築的布局,和中都城一樣,以對稱為基本特點。

從地圖上來看,它也有一條和中都城中軸線平行的南北向時中軸線。中軸線的最北端是皇城土城的正紅門,自北而南由如下建築組成一條中軸線:正紅門、紅橋、櫺星門、明樓、神道、御橋、金門、皇陵正殿、後紅門、皇陵墓、南明樓、南門。這條中軸線長達 3.4 公里,皇陵城內許多建築和中都城一樣,也是以此軸為中線東西對稱的。如西角門和東角門,神道兩旁的石人、石獸、華表,皇陵碑和無字碑,西廡和東廡,西明樓和東明樓,西門和東門,左廡和右廡均東西對稱。城內的其它建築如值房、下馬牌、神庫、廂房、角門等都有兩座要上,它們之間亦相互對稱。就連城內外的大小二十座水關的方位以及各種樹木的栽植,也是大致對稱的。

〔註4〕《寰宇通志》,卷9。

〔註5〕《明史》,卷58,〈禮志〉。

〔註6〕《鳳陽新書》,卷4;王劍英:《明中都》,北京:中華書局,1992年,頁99~100。

皇陵和中都城一樣，共有三道城牆。最外面一道稱「土城」，中間一道稱「磚城」，最裡面一道稱「皇城」。

土城呈正方形，為土築城牆，周長 16.9 公里。土城四周開六門：其中東、南、西三面各開一門，每門三間；北面開三門，中間一門稱「正紅門」，斜向東北，正對著中都城的洪武門；正紅門兩側各有一門，稱「西角門」、「東角門」。

磚城呈長方形，南北長，東西短。城高二丈，周長 3.8 公里。城開四門，四門讀有門樓，稱為明樓，每樓均為五間，重檐。

皇城亦為長方形，磚砌城牆，東西長，南北短。城高 6.7 公尺，周長 251.7 公尺，牆以紅土泥飾。

據《鳳陽新書》卷四記載，在皇陵三道城牆的內外有許多建築。如：祠祭署衙門、值房、外值房、酒房、鼓房、廂房、正房、櫺星門、紅門、中門、角門、金門、後紅門、膳廚、神廚、宰牲廚、皇堂橋、紅橋、御橋、俱服殿、寢殿、正殿、穿堂、混堂、天池、水池、下馬牌、舖舍、官廳、神庫、齋宮、左右廡、燎爐、碑亭以及華表、石人、石獸等建築物。在這些建築中，要數皇城內的皇陵正殿規模最大、最宏偉。皇陵正殿（又稱祭殿、享殿、皇堂）共九間，丹陛三級，是舉行祭祀的地方，也是皇陵中的最主要建築。從現存的遺址上的石礎來看，當時正殿內林立著明柱，直徑達 1.15 公尺左右，兩個人合抱不能交手。它和北京十三陵中長陵的祾恩殿明柱具有同等規模，其氣勢壯觀在中國陵園建築中屬於罕見。〔註7〕

皇陵石像的石料是呈深灰色的石灰石，石中有紅筋，質地堅硬，不易風化。雖經六百餘年風雨侵蝕，大部分石像仍面貌如新。皇陵石刻雕工十分精細，不僅比例勻稱，造型逼真，連一些細微的部位都精雕細琢。如石獸的尾毛、蹄腳、馬鞍，華表上的花團、石人的衣著、扣帶、盔甲等均雕刻得十分精美，令人驚嘆。它遠遠地勝過了北京十三陵和南京明孝陵中的石刻。

現將皇陵石像按自北而南的順序介紹如下：

皇陵石像的最北端是磚城的北門，又稱「明樓」。明樓的遺址如今仍高於附近地面，尚能辨認，它的東西兩側是磚城遺址，比較清楚。進了明樓，便是自北而南、長 253 公尺的皇陵神道，神道東西兩邊對列著石像，其次序如下：

〔註7〕夏玉潤、吳庭美：《鳳陽古今》，合肥：黃山書社，1986 年，頁 87～89。

獨角獸	2 對
石獅	4 對（雄獅）
石獅	4 對（雌獅）
華表	1 對（有花紋）
華表	1 對（無花紋）
石馬與控馬者	6 對（1 馬 2 人為一組，實為 2 組對）
石虎	4 對
石羊	4 對
文臣	2 對
武臣	2 對
內臣	2 對

　　最北面的兩對獨角獸，當地人稱「麒麟」。其造型是：獅頭，象身，鹿角，牛蹄，馬尾，魁梧雄壯，姿態傳神。因民間有「麒麟送子」和「左男右女」的說法，自清朝起，許多不育婦女來獸前跪拜求子，並從獸蹄上刮取石粉以充「仙藥」。長期的封建迷信活動使獨角獸前後左蹄變細。八對雌雄石獅，每只胸前掛響鈴三隻，蹲在石座上，其毛尾捲於足趾，與別地石獅有別。再往南走，更是華表，因為它立在陵中，故又稱「墓表」。華表上面沒有雲板和蹲獸，當地人稱為「通天柱」。其中北面一對華表為八角形石柱，上有頂，下有座，上面淺刻著花團。華表之南為石馬與控馬者。石馬為二雌二雄：雌馬溫馴，四腿間未鏤空，兩側有刻圖案；雄馬氣盛，四腿間鏤空。石馬鬃成縷，清晰可數，頭轡俱全，頸繫響鈴，口角懸勒，背伏錦鞍，底墊下垂。石馬的左邊是執鞭者，雙手掌鞭於胸前，一副唯命是從的神態；右邊為控馬者，寬袖長袍，左手緊勒馬繮繩，全神貫注，雄馬四蹄欲蹬，掙扎不脫。這種造型使雄馬和控馬者連為一體，不僅形象逼真，而且使重心下垂，不易傾倒。傳說過去有真馬經過，竟與石馬嘶咬，行人圍觀稱奇。再往南走，四對石虎（神道西側缺失兩隻石虎，僅存六隻），肩頭隆起，突胸露腹，前支豎立，靜蹲石座。四對石乎，半跪半臥，角彎耳下，昂首欲鳴，溫馴可愛，取「羊有跪乳之恩」，以示朱元璋不忘父母的恩德。石羊之南，便是石人了。兩對文臣，朝冠朝靴，蟒袍玉帶，手捧笏板，溫文爾雅。兩對武將，盔甲整齊，虎背熊腰，雙手按劍，怒目圓睜，氣宇軒昂。兩對內臣，圓領長袍，雙手拱立，順眉馴目，顴骨平緩。

　　順著神道再往南走，越過金水河上的御橋（五座，今已不存），便是引人

注目的皇陵碑和無字碑。兩碑東西相峙，相距 48 公尺。

皇陵碑座西向東，碑亭已在明末被農民軍焚毀。整個碑分四部分：龜趺、碑座、碑身、碑額。其中龜趺又稱贔屭，俗傳龍王生九子，贔屭為長子，形似龜，好負重，後人雕作贔屭的形狀，就是取其力大能負重的意思。皇陵碑總高度為 7.37 公尺。其中龜趺頭高 1.7 公尺，身高 1.1 公尺，頭尾長 3.8 公尺；龜背上的碑座高 1.35 公尺，寬 1.95 公尺，厚 0.7 公尺；碑身高 4.2 公尺，寬 1.89 公尺，厚 0.63 公尺；碑額寬 2.17 公尺，高 1.82 公尺，厚 0.70 公尺。皇陵碑的碑額中下部刻篆書「大明皇陵之碑」六字，碑額四周雕以「六龍戲珠」，雲珠相托，六龍栩栩如生，珠光形如火焰。碑身上刻有楷書皇陵碑文，26 行，每行 56 字，共 1105 字，字徑 6 公分。碑文有斷句，並有聲調符號，還有很多異體字。由於碑亭早已毀壞，暴露於風雨之中，所以碑頂自左上方向右下方已有帶狀的石質粉化，個別字蹟和筆畫已缺失，或模糊不清，現已作修復。皇陵碑文不僅是當時明朝歷代皇帝必讀的聖訓，也是人們研究朱元璋的重要歷史資料和珍貴文物。

皇陵碑的對面是無字碑，西向，其尺寸大小同皇陵碑，亦無碑亭。無字碑俗稱「石表碑」，相傳秦始皇登泰山舉行封禪典禮時立過這種碑。唐高宗和武則天合葬的乾陵中也有一座，這是無字碑首次用於陵墓中。其意表示死者功德無量，無法以語言來表達。立無字碑是封建時代給予死者的一種最崇高的榮譽。

皇陵石像和皇陵碑、無字碑規模宏大，每個石人、石獸連同底座都是用整塊石料雕琢而成。例如獨角獸身高 1.6 公尺，首尾長 3.5 公尺，寬 1.2 公尺，腿圍 0.85 公尺，狀如石水磨；石馬高 2 公尺，頭尾 3.5 公尺；控馬者高 2.96 公尺，身圍 3 公尺；文臣高 3.36 公尺，武將高 3.35 公尺，內臣略矮，也有 2.60 公尺。它們的重量十分驚人，例如控馬者與雄馬連體，重約二十餘噸；而無字碑的總重量竟達四十餘噸。製作石像、碑刻的巨大石料，從採石地點運到皇陵，在今天來說也是一件十分困難的事。在科學技術落後的明初，如何將石料運到目的地，其困難之大可想而知。傳說當時採取的辦法是：從石料產地到皇陵之間挖一條溝渠，待冬季渠水結冰後，民伕們拉著巨大的石料沿冰溝滑行，一天僅走數百公尺，春季開凍後，只好待第二年冬季再運。一塊石料，往往得幾年才能運到皇陵。據石料的石質來看，可能取自鳳陽武店或魯山一帶。

在皇陵遺址上，除石像、碑刻外，還有其它建築遺址和遺物。在皇陵碑和無字碑的北面，各有御井一眼，兩井東西相襯。因井位於石龜的旁邊，當地人又稱

「龜尿井」。西邊的一口於 1950 年代初期開挖水壙時廢毀，僅存東邊的御井。

在皇陵碑和無字碑的南面是皇陵正殿的遺址。遺址東西長 43 公尺，南北寬 17 公尺，上面新建五間房屋。「文革」以前，遺址上佈滿了石礎，「文革」中大多被炸毀，只存 1.7 公尺和 1.3 公尺見方的石礎各一塊，石礎中心處還留著當時鑿的炸藥孔。

在皇陵正殿遺址正南方便是陵墓，兩者中心點相距 240 公尺。皇陵墓現為一橢圓形土丘，東西長 50 公尺，南北寬 35 公尺，頂高 16 公尺。1950 年代初期，皇陵農場在陵墓上栽植柏樹，今已成林。〔註8〕

鳳陽明皇陵遺址示意圖〔註9〕

北

皇陵卫

大水关

西角门　正红门　东角门

混堂

斋宫

神厨

独角兽二对

石狮八对

华表二对

石马与控马者六对

石虎四对

石羊四对

石人六对

石楼

明楼

御桥

西明楼　皇陵碑亭　无字碑亭　东明楼

皇堂

皇陵

松柏林

南明楼　砖城

周明里六百一十八步，合华里七里一百四十八丈

松　柏　林

皇陵碑　无字碑

土城

南门

周明里二十八里，合华里三十二里又一百四十丈

西门　东门

松　柏　林

王剑英编绘　刘思祥缩制

〔註8〕夏玉潤、吳庭美：《鳳陽古今》，合肥：黃山書社，1986 年，頁 98～102。

〔註9〕王劍英：《明中都研究》，北京：中國青年出版社，2005 年，頁 406。

三、明孝陵

南京鍾山有二著名陵墓，一為山前正中之中山陵，一為左側之獨龍阜玩珠峰下的明孝陵。

孝陵規模在明諸陵中比較宏大圍牆 22.5 公里，其形制基本上按唐宋兩代陵墓而建。墓區建築可分二組，一是導引神道部份，從下馬坊到陵園的正門，二是主體部分，從正門直至寶城。其中部分建築早已損毀或改建，但大體上仍有原貌。

陵園最前面是下馬坊，上刻「諸司官員下馬」，顯示皇帝之尊。坊東三十餘公尺處是嘉靖十年（1531）改鍾山為「神烈山」時所立之神烈山碑亭。碑亭已圮塌，僅留碑體。亭東有崇禎十四年（1641）所立的「禁約碑」，臥式，碑上刻有禁止損壞陵墓及有關謁陵的各種規章制度。

從禁約碑東北行約五百公尺，是陵園的大門，大金門，據記載，門上原有重檐黃色琉璃瓦頂，拱門內有六扇朱門。但這些都早已損毀，今只剩門洞。過大金門即至四方城，城裏矗立永樂三年（1405）明成祖所立的「大明孝陵神功聖德碑」高八點八七公尺，巨碑巍峨。碑文長達二千七百多字。原有碑亭，亭頂早毀，今僅存四周圍牆，形如方城，故稱四方城。

自四方城向西略北，過御河橋，就到了神道。隨著山麓的起伏，神道兩側分列十二對石獸，按次為獅、獬豸（古代傳說中一種奇獸，見人相鬥就用角去頂壞人）、駱駝、麒麟、象、馬、每種四頭，兩立兩蹲，造型生動，雕刻精緻，其中尤以駱駝和象最為雄壯。石獸之北是兩座高聳的白玉石望柱，高六點二五公尺，浮雕盤龍和雲紋，外形似北京之華表。石柱後是四對文臣、武將之石像。

走完神道，可見欞星門遺址。門後有御河橋（金水橋），過橋就到孝陵正門，原有文武方門五座，三大二小，現只剩一洞門，且是清代同治以後改建的，門上嵌有「明孝陵」青石門額一塊。正門之後為中門，形制與正門同，現存須彌座式的台基。同治四年（1865）清修葺明孝陵，除正門外，又在中門的台基上修了一座碑亭，裡面排列五塊石碑，正中一塊刻有康熙親筆書寫的「治隆唐宋」，其它四塊也都刻有清帝之題字。

碑亭之後為孝陵主體建築——享殿。享殿榜曰「孝陵殿」，今享殿已損毀，僅留有台基，現台基前後有階石，台基上大型柱礎五十六個，由此推斷當年享殿應是面闊九間，進深五間，規模與長陵相近。同治十二年（1873），在這裡

又建了一座享殿，但只有三間，內掛有明太祖紙本畫像，高二點四八公尺，寬一點五公尺。

　　陵園最後部分是「寶城」，寶城正中有一通道，石階五十四級，出通道而上為明樓，明樓下面即葬朱元璋之獨龍阜，阜上松柏茂盛，沿阜環繞的圍牆長達四十五華里。〔註10〕

　　陵在太平天國之役時受損毀。

四、明十三陵

　　明朝有十六位皇帝，其中太祖葬於南京明孝陵；惠帝於「靖難之變」中失蹤，無陵；景帝因「奪門之變」，英宗復辟，而被廢為郕王──按明制「諸王及公主不得葬明陵」，乃以王禮葬於北京西郊玉泉山的金山口。除此三位以外，其餘諸帝均葬於北京西北郊 45 公里處的昌平區天壽山系，這就是明朝十三陵。

　　北京周圍的山峯，從西向東北蜿蜒起伏，到了昌平、延慶二區更是「群山聳拔，若龍翔鳳舞，自天而下，其旁諸山，則玉帶、軍都（山名）連亘環抱；銀山、神嶺，羅列拱護，勢雄氣固。」（見《大明一統志》）名聞中外的明十三陵就是座落在這群司盤旋圍繞而成的蒼翠小盆地之中。

　　這個盆地北有主峯──天壽山，東西有峯巒圍抱，是一個天然屏障。中間明堂開闊，南有蟒山、虎峪山犄角而立，恰似一龍一虎守衛大門，寬闊的溫榆河自西北而來，流經中部，再從東南的東山回直瀉河北大平原，景色非常雄偉壯觀，契合了古來「背山面水，中間明堂，左青龍、右白虎」的風水地勢。

　　陵區廣闊約 40 平方公里，分佈著長陵（成祖）、獻陵（仁宗）、景陵（宣宗）、裕陵（英宗）、茂陵（憲宗）、泰陵（孝宗）、康陵（武宗）、永陵（世宗）、昭陵（穆宗）、定陵（神宗）、慶陵（光宗）、德陵（熹宗）、思陵（思宗）等共十三處陵墓。

　　十三陵共有二門十口，二門是：大紅門、小紅門。十口是：中山口、東山口、老君堂口、賢口、灰嶺口、錐石口、雁子口、德勝口、西山口、榨子口。它們之間原有牆垣連接，圍括住整個陵區。現在這些圍牆和各口大都塌毀了。

〔註10〕南京博物館編：《明孝陵》，北京：文物出版社，1981 年，頁 1～8。

（一）十三陵的營建

西元 1403 年（永樂元年），明成祖下詔改北平為北京，開始著手做遷都北京的準備，1406 年（永樂四年）詔修北京宮殿。1407 年（永樂五年）徐皇后（開國功臣徐達的女兒）病逝，因國都尚未北移，成祖壽陵（預築的陵）尚未擇地，不得已暫停梓宮（皇帝、后的棺材，梓木做的）以待。1409 年（永樂七年）成祖巡視北京，始命禮部尚書趙羾偕風水師廖均卿（江西人）、王侃、馬文素擇地於黃土山（今址），成祖親自復驗後，封此山為天壽山。並立即破土動工，成祖命武義伯（陵成改封成山侯）王通監督建造皇陵，大徵山東、山西、河南、北京及浙江等布政司（省），南京附近府、州、縣民伕工匠參與營建。北京附近的衛、所也調撥軍士幫助。

1413 年（永樂十一年），陵寢地宮竣工，徐皇后入葬。1424 年（永樂二十二年），成祖病逝於北征回師的途中，葬於長陵。

以後明代皇帝即位之初，大多預營壽陵，各陵的營建工程非常浩大，同時各陵的整修維護費用也相當可觀。

然而明陵五百多年來卻是歷遭劫難，今天令人驚讚的規模只不過是屢經破壞後的遺留罷了。

1449 年，英宗正統十四年，土木堡（河北省張家口市懷來縣）之役，皇帝被俘，瓦剌乘勝進圍北京，焚燬長陵、獻陵、景陵，這是明陵肇建以來首次遭劫。

1644 年，思宗崇禎十七年，李自成攻陷北京城，燒燬了十二陵的宮寢。清兵入關之初，為了報復明朝毀壞房山縣大房山的金朝陵寢（滿清自稱是金人的後裔），而大事拆毀明陵。

後來清朝為了建造東陵（在河北省唐山市遵化市馬蘭峪）、西陵（在河北省保定市易縣），曾盜取十三陵享殿的柱材。到了乾隆時，為了緩和明朝遺老的敵視，才重修明代諸陵，計耗銀 28 萬兩，就原有基礎，將磚瓦、木、石，拆大改小，並且恢復了祭祀。

有清一朝，明陵始終淹沒於荒煙蔓草之中，1914 年，民國三年，定陵祾恩殿又發生大火，全被燒燬，祾恩門也只剩了兩壁。〔註11〕

〔註11〕謝敏聰：《中國歷代帝王陵寢考略》，台北：正中書局，1976 年，第二十章，明朝陵寢，頁 146～153；謝敏聰：〈聞名中外的明朝十三陵〉，台北，《時報雜誌》，71 期，1981 年 3 月；謝敏聰：〈北京明朝十三陵〉，台北，《世界地理雜誌》，154 期，1995 年 6 月。

（二）神道

十三陵的建築，由南而北，逐漸深入，形成了一個以長陵為中心，城垣為邊界的規模宏大的陵墓區，陵區南北有長達 7 公里的共同神道。

在蟒、虎峪二山把守的陵門前，矗立著 14 公尺高的五間六柱十一樓（一面十一個小樓形式）的琉璃瓦頂大石牌坊，寬約 28.8 公尺，這是十三陵區的第一座建築物，它建成於 1504 年嘉靖十九年，結構宏偉，製作精巧，牌坊的夾柱石上方蹲臥石雕的麒麟和獅子，配以由雲龍、獅和其他怪獸構成的一幅幅生動的浮雕，給人以渾厚豐滿的藝術感受。

過了大石牌坊，就是大紅門了，這是陵園的正門，門旁豎立著一座刻有「官員人等至此下馬」字樣的石牌。

進入大紅門後的大道叫做「神道」，這條「神道」和道上的建築物，從格局來看都是屬於長陵的，大致完成於明宣宗時代。沿著神道前進，迎面有一座碑亭，屹立於神道的中央。亭內有巨大的石碑，龍頂龜趺，上題「大明長陵神功聖德碑」，碑文長達 3 千 5 百字，立於 1435 年（宣德十年）。再北有十八對石人石獸，石人分勛臣、文臣和武臣三種，都是立像，各高一丈多，石獸是獅、獬豸（一種傳說中的怪獸）、駱駝、象、麒麟、馬六種，各四頭（兩臥兩立），神態威武，增添神道莊嚴肅穆的氣勢。

陵前置石像生可溯自春漢。石獅顯示帝王威嚴、獬豸能辨邪正，可辟邪，駱駝和象象徵帝國疆域廣大，麒麟象徵吉祥，馬為皇帝坐騎，均有其意義。

石像生過後，再往北經欞星門（龍鳳門）、七孔橋便到達成祖的長陵。〔註12〕

十三陵陵區內有一條長達 7 公里的南北向神道。在神道最南端為大石坊，以漢白玉石砌成，寬 28.86 公尺，高 14 公尺，五間六柱十一樓，柱上雕刻麒麟、龍、獅子，神態生動，額坊雕刻雲紋。石像生是神道的精華，均為整塊巨石琢成，雕於 1435 年（宣德十年），比清東、西陵要高大得多，自大碑樓至龍鳳門兩側，有石獸 24 頭，為獅、獬豸、象、駱駝、麒麟、馬各四，均二立二臥，另有翁仲（石人）12 尊，文官、武臣、勛臣各四。

（三）長陵

諸陵的建築，以成祖長陵最為雄偉，成祖（1403～1424 年在位）政績斐然，五征漠北，一定安南，編《永樂大典》，派鄭和下西洋，開明代重用宦官

〔註12〕顧炎武：《昌平山水記》；繆荃孫、劉萬源：《光緒昌平州志》，冢墓記，第十二。

之先例，對待政敵十分殘酷。陵垣大門是小紅門，再進稜恩門為稜恩殿，這是十三陵中最大的一座建築物，落成於 1416 年（永樂十四年），總面積 1956 平方公尺，重檐黃瓦、白石丹陛。殿台三層，高 3.215 公尺，每層都有雕刻精細的石欄圍繞，予人莊嚴穆、華麗輝煌的感覺，殿東西長九間，計 66.75 公尺；南北深五間，共 29.31 公尺。規模與故宮太和殿伯仲之間，但是它的建築年代却早於太和殿，幾百年來雖然經過多次戰亂，還幸得保留到今天。尤其驚人的是殿內有兩人不能合抱的大柱，縱橫林立（南北檐柱直徑 0.79 公尺，內部老檐柱 1.07 公尺，中央四金柱特大，直徑 1.17 公尺），共 60 根，自根至頂都是整棵香楠木構成，與故宮太和殿等以數木拼合而成者，大不相同。

陵垣最後為「寶城」，城下有通道可以登上明樓。明樓是陵墓的標誌，黃琉璃瓦頂，歇山重簷，上面鑲有一塊高大的樓額，刻著「長陵」二字。明樓裡頭有 1604 年（萬曆三十二年）重立的大碑，刻「大明成祖文皇帝之陵」，碑用硃漆，字用金填。寶城周約 1 公里（直徑 1018 公尺），正中堆如土山，是大墳頭，樹木叢茂，其下就是「地下宮殿」了。〔註13〕

（四）明中葉重要諸陵：獻陵、景陵、永陵、昭陵

明十三陵的制度大同小異，中葉諸陵毋須贅述，僅介紹較有特色的幾個陵。

獻陵是仁宗朱高熾（1425 年在位一年，明朝第四任皇帝）的陵墓，合葬有張皇后，這座陵是十三陵前十二陵中最簡樸的一個。由於地形原因，獻陵的大殿與昭樓不是直接連屬，而是中間被一座形如几案的小山隔開。根據風水師的理論，它是長陵背後龍脈的砂脚是不能動的。因此大殿、明樓各繞圍牆，自成院落，現在大殿已不存。

景陵是明代第五任皇帝宣宗朱瞻基（1426～1435 年在位）的陵墓，合葬有孫皇后。它是十三陵前十二陵中最小的一座，寶城的形狀因地勢建得比較修長。宣宗在位期間，有較好的政績，史稱「宣德之治」。永陵是明代第十一任皇帝朱厚熜（1522～1566 年在位）的陵墓，合葬有皇后陳氏、方氏、杜氏。是個揮霍無度的皇帝。他在位期間多半時間「深居西內，日事齋醮」，而且大興土木，擴建陵園。從 1536 年（嘉靖十五年）開始，他在營建永陵的同時，已

〔註13〕華繪：〈明陵肇建考略〉，《禹貢半月刊》，第二卷，第 12 期；劉敦楨：〈明長陵〉收入《劉敦楨文集》，北京：中國建築工業出版社，1982 年；胡漢生：《明長陵》，北京：燕山出版社，2010 年。

對以前的長、獻、景、裕、茂、泰、康七陵進行了整飾、增建了碑亭，神路上鋪設了石條。另外又建了東山口內的聖蹟亭、老君堂口內的長春亭、翠屏山的九龍池等幾處外圓井式的建築。永陵修了 12 年，連同以上工程每月花費白銀30 萬兩，每日工 4 萬人。

永陵在規模上雖略遜長陵，但却多了一道外羅城。《帝陵圖說》記載：「永陵既成，壯麗已極，為七陵所未有。」

昭陵是明朝第十二位皇帝穆宗朱載垕（1567～1572 在位）與其三位皇后的陵墓，在十三陵中，規模中等，修陵費用白銀 150 萬兩。他在位期間懶於視朝，宦官專橫，邊防鬆弛，外族不時犯境，國內賦稅不斷加重，人民困苦不堪。

昭陵左有定陵，右有九龍池，1695 年（清康熙 34 年）雷火擊毀祾恩殿，乾隆年間（1736～1795）重建，但後又燬。1986 年開始修復，並已開放參觀。昭陵是修復過的明陵中地面建築最為完整的陵墓。〔註14〕

（五）定陵

定陵是明神宗朱翊鈞（1573～1620 年在位）與其二位皇后的陵墓，規模宏大，規制與其祖父之永陵基本相同，佔地 18 萬平方公尺。自萬曆十三年（1585）三月動工，每天用軍工、民伕約二、三萬人，歷時六年才完工，耗銀八百萬兩（相當於當時全國兩年的田賦收入），是「竭內府之金錢，窮工匠之巧力」的結晶。

神宗即位時僅十歲，以名政治家張居正為首輔，居正整頓吏治、裕錢穀、嚴考成，以李成梁鎮遼、戚繼光鎮薊，邊疆得安，但居正死後（1582 年後），政事又漸敗壞，神宗荒於酒色，加重賦稅。中年以後甚至二十多年不理朝政，朝臣又各結朋黨，黨爭激烈，國勢每況愈下。

（六）定陵地宮的發掘

1955 年十月，郭沫若、吳晗等六人上書中國國務院，請求發掘長陵。國務院批復了這個報告，成立了「長陵發掘委員會」。

長陵規模鉅大，發掘工作複雜，決定先選擇其它陵墓試掘。在調查中發現，神宗定陵寶城旁邊有幾塊城磚塌落形成一個小缺口，裡面的城磚有再次砌過的痕跡，很像是一處券門，這裡很可能是當時帝后入葬的通道。又在寶城的內

〔註14〕胡漢生：《明十三陵》，北京：中國青年出版社，1998 年。

側發現了「隧道門」、「金剛牆前皮」等字跡。

　　1956 年 5 月發掘工作開始，先從寶城內側開挖一條探溝，非常巧，就探到了正確位置，這是一條三公尺多寬的巷道，兩旁是用磚砌成的牆，按照它的走向，跳過一段又開了第二條探溝，在 7.5 公尺深的地方，發現一塊小石碑，上刻「此石側金剛牆前皮 16 丈深 3 丈 5 尺」。定陵是萬曆帝生前營造的，建成後 38 年才入葬，這中間隔了很多時間，墓室墓道自然不便長期裸露在外，於是用土封埋，使用時再重新掘開，於是必需留下標誌。

　　順著小石碑所指方向，向西開了第三條探溝，又發現了一條對準寶城的地下中心方位的石隧道，挖到盡頭，碰到一堵很不尋常的牆，由多層石條墊底，頂端呈黃色琉璃瓦檐，牆高 8.8 公尺，由其距離與形制推測為金剛牆。金剛牆的瓦檐下牆磚有向裡傾斜的痕跡，約呈上窄下寬的人字形，且沒用灰泥勾縫和鋪砌，考古人員搬開這些浮擺的牆磚後，又發現緊貼著一道牆，牆上還有一個券門，券門裡也擺滿了未合漿的磚，原來這面牆厚約 3 公尺，內側起券，承受壓力，外側用磚擺平，造成無門的假象，其實拆下磚塊便是進入墓室的隧道口。

　　打開券門，通過隧道後有一座漢白玉雕的石門，由門縫隙望去，內有一根頂門的石條。由於怕屍體等物腐爛形成有毒氣體，因此開門之前還備妥防毒面具及消毒藥品。為了避免石條摔壞，考古人員先用鋼絲順門縫套住它，然後將木板伸入門縫將它頂開，兩扇大門用手一推，便徐徐地開了，被封閉了三百多年的地宮終於被打開了。

　　石門上方的簷、椽、枋、吻獸等也是漢白玉石雕成的，石門高約 3.3 公尺，寬 1.7 公尺，每扇重約 4 噸，用整塊巨石雕成，門上刻有乳狀門釘縱橫各九排。靠門軸一側的石料較厚（約 40 公分），另一側則漸減薄（減至 20 公分），以便開啟。石門上方有一個重約 10 噸的青銅管扇。頂門的條石上書「玄宮七座門自來石俱未驗」，地宮中七座石門均是用這種方法打開的。

（七）定陵地下宮殿

　　定陵玄宮深深埋入地下有 27 公尺，通體為拱券式石結構，由前、中、後及左右五個殿堂組成，前、中殿聯成一長方形通道，中殿左右有配殿，後殿則橫在後方，各殿均有一道漢白玉石門。前、中殿由地面至券頂各高 7.2 公尺，寬 6 公尺，共長 58 公尺，以「金磚」（一種用桐油浸泡的特製磚）鋪地。中殿設有三個漢白玉雕成的寶座和點長明燈的大龍缸、黃琉璃五供等文物。

中殿兩側有甬道通向左右配殿，配殿中僅置有棺床。推測皇后未能入葬配殿，可能是甬道過於窄小。

後殿是地宮的主要部分，高 9.5 公尺，寬 9.1 公尺，長 30 公尺，地面鋪有磨光花斑石。殿中放置神宗及孝端、孝靖皇后的棺椁，並有 26 支朱漆木箱內裝隨葬物品，包括金冠、鳳冠、金酒壺、玉爵、玉碗、瓷器、首飾、絲織品等，合計三千多件，琳瑯滿目，燦耀輝煌，反映了明代精緻的工藝水準。

地宮建成至今四百年，四周排水設備良好，很少積水，石拱結構堅固，無一石塊塌陷，可見當時營建地下宮殿的技術卓越。〔註15〕

（八）明後期的慶陵、德陵、思陵

慶陵是明十四任皇帝光宗朱常洛的陵寢，光宗於 1620 年在位僅 29 天，倉卒不能擇地，乃用景泰年間（1450～56）建為壽宮的景泰窪（英宗復辟，景帝葬西山，陵基遂虛），築為慶陵。

慶陵地面建築形制基本同獻陵一樣，也因怕傷「龍脈」，在祾恩殿後有一小山沒敢動。因此祾恩門、祾恩殿有一周圍牆，而小山後的小紅門、龍鳳門、石供案、明樓又有一周圍牆。最後面是圓丘式寶城。沿寶城還有一周石砌的水道，工程不小，此因陵地泉水旺盛所需。現陵地面建築僅存遺址，但石砌水道尚好。

熹宗朱由校是明朝第十五任皇帝（1621～27 年在位），他十六歲即位時，明朝已處於風雨飄搖之中，各地民變風起雲湧，外強不斷入侵，時常逼近內地；宮中奢侈無度，宦官魏忠賢亂政。熹宗只知嬉戲，不問國事，好做木工，一天到晚鋸木頭。

熹宗葬於德陵，德陵興建時距明亡還有二十多年，仍能維持明陵的制度。德陵座東向西。明樓從左右都可以登上去，墓碑的方座刻著「八寶」花紋。這是與其他陵不同的。

思宗崇禎（1628～1644 年在位）與熹宗為親兄弟，同困於流民及滿清。思宗名由檢，雖誅魏忠賢，但國政積弊已深，他為人又剛愎多疑，在位 17 年間更換宰輔 53 人，嚴重的內憂（民變）外患（滿清）以及腐敗的貪污官僚體系，終使明帝國瓦解。1644 年（崇禎十七年）李自成軍攻陷北京，崇禎帝自縊於煤山。

〔註15〕趙其昌：〈定陵發掘始末〉，《文物天地》，1985 年 2 月；謝敏聰：〈中國帝王陵寢的勘察與發掘〉，台北，《時報雜誌》，201 期，1983 年 10 月。

由於長期內憂外患，加上不斷的天災，因此崇禎帝生前未建陵。

後來崇禎的遺體與縊死在宮中的周皇后屍體分別被裝入柳木棺材中，送往昌平州。當時昌平州庫空虛，無錢安葬，由吏目趙一桂等出面捐資，將剛死三個多月的田妃墓穴打開，將田妃之棺移開，把崇禎之棺安放在石床正中，周皇后之棺安放在石床左側，田妃之棺放在右邊。然後將石門關閉，掩土填平，沒立冢。直到 1659 年（順治十六年），才為崇禎陵寢修了享殿三間，圍牆一周，立了碑記，並為陪死的崇禎帝之太監王承恩修了墓。〔註16〕

明朝自成祖以後可說是宦官政治，宦官弄權亂政者不勝枚舉，然而崇禎皇帝自縊於煤山時，卻有太監王承恩吊死在崇禎帝旁。後來他也葬於思陵西南。順治、乾隆皇帝表彰其忠義。而今，王承恩墓已隱沒在農田之中。

五、明陵的行宮

〔日〕內藤湖南《燕山楚水》：

「至德勝門始離城，一路道幅離廣，皆沙塵，馬蹄過後，蒙蒙滾滾，加之日輝猶熱，幾欲窒息。沙河之上有二座石橋。係明時所製，雖狀大，然漸頹隳，橋上磚石高低不平，驢背殊艱。滿兵駐在此驛，由把總統率，城壁處處可見頹圮也。」

《讀史方輿紀要》：

「京城之北，有故城曰鞏華，其地二水生龍，及通皇脈，南北通衢首善之地也。」

鞏華城在州東南二十里。其地本名沙河店。永樂中，建行宮於此。正統時，為水所圮。嘉靖十六年，車駕駐沙河。嚴嵩議以春秋謁陵，此為南北適中之處，且居庸、白羊近在西北，邊防尤切，宜修復行宮，築城環之。十七年，始於沙河店之東建行宮。十九年，城之，周四里，有四門，置軍戍守。亦曰鞏華台。

（一）沙河行宮

明代為帝后謁陵而建的行宮有兩座，沙河行宮和陵內行宮。沙河行宮在明代也稱駐蹕宮，沙河民間稱皇城。

明成祖遷都北京後，很快選定了昌平黃土山（天壽山）做為陵寢。為了北

〔註16〕王其亨主編：《明代陵墓建築》，北京：中國建築工業出版社，2000 年，頁 134～149。

巡出塞及後代子孫謁祭皇陵方便，同時在陵區和沙河店南北沙河之間建造了行宮。正統年間沙河行宮為水所毀。明天順五年對沙河行宮進行了重建。不久沙河行宮再次被洪水沖毀，明廷徹底放棄了重修。直至嘉靖十七年由嘉靖帝下令在沙河店興建鞏華城，沙河行宮才得以重新修建。

（二）明嘉靖十七年以前的沙河行宮

遺址據沙河耆老相傳在沙河工商街以西，八達嶺高速公路東輔路以東，南至鞏華城大街沙河藥店東側的胡同內，北至朝宗橋西街南側的北二村西後街，南北長約 500 公尺，東西寬百公尺的長方形地段，地勢高出周邊 5～10 公尺，是一處南北走向的黃土高崗。崗上植物茂密，多松柏樹木，人烟罕迹。沙河當地人稱為「黑樹林」，高崗之上平坦寬暢。此處為明成祖遷都北京後所建沙河行宮的基址。行宮被水沖毀之後明廷祭祀皇陵往來沙河亦在此處搭建行殿和行帳。直至嘉靖十七年由嘉靖帝下令在沙河店興建沙河城，沙河行宮才得以易地重新修建。解放後這片地段主要被昌平百貨公司等單位占據建成倉庫，餘下的其他地段被沙河的北二村居民蓋成民房。

（三）明嘉靖十七年重建的沙河行宮

重建後的沙河行宮位於老行宮東南方向，在鞏華城內正中偏南，為防洪水沖毀，挖取行宮周圍黃土墊高行宮地基，使行宮地基高於地面約 6.5 公尺。行宮基址以夯土築成，底層外砌花崗岩條石，上鋪城磚。

行宮周長為 620 公尺，東西長 160 公尺，南北寬 150 公尺，近似呈正方形，佔地面積為 2.4 公頃，行宮圍牆飾紅，黃色琉璃瓦封頂。行宮三面環水，水衛行宮。

行宮大門朝南，共闢三座紅券門，中門為帝后出入之門，左右兩門為左右掖門，為隨扈文武大臣出入之用。宮牆東南角有一角門，為看守太監出入之門。行宮大門外是三路石台階，台階建於緩坡之上，直通行宮前石橋。

行宮大門台階下有三座單孔石橋，橋下常年流水，城內污水及降水都經此橋下，東流到梁家園胡同向南從城牆東水關流入護城河，每到春末夏秋季節，橋下的水勢較大，為保行宮周圍環境使水東流不致溢漫而出，自宮門前的石橋往東修建了一條百丈長的地下水道。水道呈長方形先在掘好的溝底鋪上花崗石，然後在兩側豎起一塊塊方形岩石，最後用同樣石料封頂，用麻刀灰勾抹平整，上面掩好土。宮門石橋前為御路，御路兩旁各有下馬牌一座，下馬牌南有

七樓三開間四柱牌樓一座。御路用大理石鋪砌，御路兩側以外用城磚鋪漫，行宮御路與扶京門相連。現在的鞏華城行宮原址處為沙河中學校園，學校操場周圍仍有行宮建築石料若干，依然躺在原地。1990 年左右中學建教學樓，行宮建築格局已經無法辨識了。

（四）沙河行宮內建築共分三路，兩進院落

　　行宮內分前後兩進院落，進入前院內有三座宮門，中宮門此東西兩門稍大，前院東西兩側有太監值房。後院內有三路建築，中宮門是行宮中路也就行宮正門龍踔門，依次為龍踔殿、廣載宮。龍踔殿為行宮正殿，制如十三陵內的祾恩殿，為重檐歇山頂面闊七間，進深五間，下為花崗岩須彌座式台基，有大理石圍欄雕飾。殿內有暖閣三間，中暖閣前有大理石材質梓宮棺床，棺床前有祭案三張。殿內東側陳列祭祀樂器，西側陳列儀仗，殿前左右各有琉璃燎爐一座，用以焚燒祭祀時用過的祭文和絹帛。龍踔殿後有廣載宮，廣載品後面為行宮北門寧遠門。

　　西宮門內是行宮西路，主要建築有景惠之殿、翠鳳宮、會祉宮。行宮西門為 2 座，南為延秋門、北為宣澤門。

　　東宮門內是行宮東路，主要建築有凝禧之殿、華鸞宮、集祥宮。行宮東門有 2 座，南為麗春門、北為步和門。行宮的東西兩路建築為帝后寢宮，中路建築為帝后梓宮停放祭祀場所。行宮周圍建有許多官舍，做為隨扈大臣的安歇之所。行宮內挖有水井 3 口，分別位於行宮的東、西、中三路院中。中路的水井在行宮正門內，高建軍先生上中學時所見。在行宮外，東、西、北三面建有守衛官兵營房數百間，距離行宮東、距離行宮東、西、北三面圍牆不遠處有挖取黃土後形成的 3 座水塘，3 座水塘環為一體，水塘岸邊植柳、塘內種荷花，襯托出行宮外「宮殿連雲起，城樓入漢低」的美麗景緻。

　　明代沙河行宮設掌印太監，管理僉書、掌司、監工等官。職為看護行宮。清代內務府設筆帖式 1 員看管行宮中路龍踔殿。有明一代，鞏華城北門展思門和沙河行宮的北門寧遠門是設而不開的。無論是皇帝祭陵中途休息還是梓宮出入行宮都是走行宮正門。皇帝祭陵或梓宮到達鞏華城都是從南門扶京門進入，從西門威漠門出城，進京北大道沿工商街而行。明代鞏華城北門外沒有道路，過了北護城河就是空曠的北沙河河沿，是奠靖所官兵的屯田。沒有祭陵任務時南門扶京門就緊閉大門，平日官兵百姓只許從東西二門出入。

　　明代皇帝謁祭皇陵，要由六部九卿、都察院、通政司、六科十三道等衙署

要員隨扈。構成了大內皇宮、鞏華城行宮、明陵三位一體的封建皇家格局。皇帝或皇后亡殞後入葬明陵途中，其龐大的送葬隊伍和沉重的棺椁，需在沙河行宮停留一宿，第二天才能到送十三陵。據《明實錄》記載，明廷在送葬明神宗和孝端皇后時在鞏華城發生了這樣一件有趣的事情：

> 天啟皇帝穿著孝服送神宗帝后棺椁至午門外，護喪大臣有孫如游、黃克纘、李騰芳、王永先等二十四名官員。二十四日大臣方從哲說：「昨因棺椁太重，舉動極難，出大明門就快到中午時分了，雖然從京營中撥了八千名士兵，但士兵們不習慣做這種差使。一路上繩索常有損壞，不斷更換，所以走得很慢。天黑才到達德勝門。怕延誤葬期，與隨同護喪大臣商議後，又傳召四城增添六百名軍伕，才走得快了些」。護喪大臣、御史張修德說：「二十四日夜，棺椁到鞏華南門時，抬棺椁的木杠突然斷裂，致使神宗皇帝梓宮右邊一角墜地。梓宮到達行宮龍踔殿內，內官（太監）行尚饗禮時，連呼獻爵（敬祭品）竟無人應前」。二十四日夜住沙河，二十五日才到定陵。由此可知，皇帝大發喪，百姓遭大殃，因為浩蕩的運靈隊伍吃喝都要由沿途百姓供應。

神宗皇帝梓宮右角墜地竟意外地給後來的考古工作留下了一個難解之謎。在1957年打開明定陵地下玄宮，當考古人員揭下神宗皇帝梓宮棺蓋時，竟發現神宗皇帝的葬式為仰面朝天，右手扶著自己的面頰的怪異姿式。屍骨頭西腳東仰臥；面朝上。頭微向右偏，右臂向上彎曲，手放在頭右側。左臂下垂略向內彎，手放在腹部，右腿稍彎曲，左腿伸直，兩腳向外撇開。關於明代帝后葬式，史料並無記載，但萬曆帝（神宗皇帝）葬式顯然不是原葬式，因為人死入葬，不可能故意被擺成一腿彎曲一腿伸直狀，明十三陵特區辦事處王秀玲女士在她的一篇論文中，根據同葬的神宗皇帝孝端和孝靖兩位皇后的葬式，大膽推出神宗皇帝的原葬式應為側臥式，即身體側臥，雙腿微曲如睡眠狀的葬式。屍體如果平放，一般晃動也不會有太大移位變化，只有側臥式，碰撞時才易發生變動。神宗皇帝梓宮在鞏華城右角墜地致使神宗皇帝入葬姿式發生了變化。王秀玲女士的推測是否正確只有待今後發掘其他明陵墓時才可證實。

按照明初上陵祭祀的行程，中途駐蹕海甸區的唐家嶺行宮、沙河行宮，三日到達天壽山行宮。從明代中期以後，祭陵只在沙河行宮駐蹕一夜，出京次日到天壽山行宮。帝后梓宮歸葬山陵，中途在清河（唐家嶺行宮）、沙河（沙河

行宮）、涼水河停留，四日到達陵地。查閱《明實錄》，帝后梓宮在涼水河停留
有五次明確記載：

1.《憲宗實錄》

天順八年五月丙辰（初四），英宗朱祁鎮的梓宮次（停留）涼水河。

2.《孝宗實錄》

成化二十三年十二月庚辰（十五日），憲宗朱見深的梓宮次涼水河。

3.《武宗實錄》

弘治十八年十月十八日，孝宗祐樘的梓宮次涼水河。

4.《神宗實錄》

萬曆四十三年六月壬辰（十一日）穆宗皇后李氏梓宮次涼水河。

5.《熹宗實錄》

泰昌元年十月甲辰（初一日），神宗皇帝孝端皇后王氏梓宮次涼水河。

涼水河做為帝后梓宮停歇的固定場所，必然有為停靈所置的專用場地，這
就是位於涼水河村西的大廟。這所大廟佔地 10 畝，座北朝南，昔日廟門為 3
道，中門高大寬敞，供帝后梓宮出入，東西二門供護送大臣出入，廟分前後兩
部分，前面 7 畝地是停奉帝后梓宮的蘆殿，東西兩邊的廂房是隨行官員的安歇
之處。後面 3 畝地建有天祇殿和娘娘殿，祈望神仙保佑帝后早日平安升上天
界。天祇殿座北朝南，殿宇三間，殿內供奉玉皇大帝。玉皇大帝兩邊有四大天
王、八大怪是四大天王身邊的隨侍，天祇殿兩側的東西配殿牆壁上皆有彩色壁
畫。天祇殿北面為娘娘殿亦為座北朝南，正殿三間，供奉的主神為西王母，殿
前東西各有兩間廂房，是道士的居住、修煉的場所。1949 年後，大廟成為場
院，天祇殿於 1957 年拆除，娘娘殿於 1988 年同仁堂藥店擴建時拆除，廟院東
牆外就是通往州城的京北大道，帝后的梓宮停留一夜後，次日清晨向北穿越南
關村，進昌平州南門出西門，向北抵達十三陵。

涼水河村位於昌平城南三里，有東西兩河組成。東河發源於村東北一里處
疙瘩山下的東大泉，遺址就在中關村科技園區昌平園辦公樓東邊院內的土丘。
西河發源於村西北的西大泉，遺址在昌平區光榮院內，兩條小河呈入字形匯交
於村南，向東南於白浮村北流入東沙河。

六、明十三陵內行宮

舊行宮，位於十三陵內櫺星門北一里半山坡上，坡西稍南有舊行宮（十三

陵鎮政府附近）。建於明宣德元年至五年（1426～1430），嘉靖十七年（1538）新行宮建成後被廢。清朝初年還存有殘破的一周院牆，現殘迹已無。行宮附近的南山坡別稱蘆殿坡。祭陵時，參加祭祀的執事等眾多工作人員也無處休息，便用蘆席搭建茅屋，取名蘆葦殿，南山坡也由此改名蘆殿坡。

新行宮，明史稱感思殿，位於永陵村南。嘉靖十六年（1537）正月興工，十七年二月工竣。建築位置南向偏西。有宮門及殿兩重，圍房 500 間。正殿名為感思殿，宮門為感思門。遺址座落於高約 1 公尺的土台基上，現已成為農田。長寬各為約 250 公尺。

時陟殿，位於大紅門內東側，為帝后謁陵更衣短暫休息之所。殿有兩重，正殿名為時陟殿，宮門為時陟門。周圍有圍房 60 餘間，遍植槐樹 500 多棵。

現遺址為果園。時陟殿，俗稱「拂塵殿」「彈塵殿」。《燕都遊覽志》載其規制，「圍牆，正殿二層，群室六十餘楹。皇帝謁陵至此更衣。左右槐樹，正寢二殿群圍房各五百餘株。」劉若愚《酌中志》記載：天壽山紅門裡曰時陟門、時陟殿，曰松露殿，曰肅敬殿，曰修儀館、飾容館。《明史》記載陵區內時陟殿，為車駕更衣之所。永陵稍東有感思殿，為駐蹕之所。

祭祀是皇帝當年政務中的重要活動，提前半年就要做好準備工作。明代皇帝謁陵，皇太后、皇后、妃嬪，再加上眾多官員，儀式莊重紛繁。皇帝自京城出發，第一天到達鞏華城行宮。皇帝駕到，隨從官員行過禮後，當地官員如薊遼總督、昌平總兵及地方官吏都來朝見。第二天早晨，皇上再從鞏華城出發到十三陵，至大紅門下輦，然後由左門進入。皇太后乘轎皇帝在前扶轎引路，皇后妃嬪隨後。至感思殿，用過飯，皇帝升座，隨行官員行叩頭禮。皇帝當天駐蹕感思殿。

陵寢眾多，皇帝一人無法個個祭奠，只能親自祭祀十三陵的首陵—長陵和父親的陵寢，其餘則派官員分別到各陵祭祀先皇帝後。此外，還要專門派官員祭祀天壽山神。如果是春祭清明時，還有「上土儀」，為寶山上土。

祭祀完畢，皇帝一般回感思殿休息。皇帝謁陵的規模很大。參加謁陵儀式的軍隊要動用「六軍萬動」。上萬人的軍隊都要參加保衛工作。《宛署雜記》載，僅女轎伕就有 1600 人。這麼多人在外面風餐露宿，再加上住在這裡吃水很不方便，要用水車運水。皇帝一行祭陵最多三四天，也可能當天趕回鞏華城行宮。

祭陵結束，要賞賜隨行的宮員、迎護護駕的官兵，以及守護邊關的兵民。

皇帝祭陵雖說極力簡行，即使這樣，花費也是不小，費用多出自昌平州和大
興、宛平二縣。所以要對京郊百姓減免稅租，以示撫恤。皇帝回到鞏華城駐
蹕沙河行宮，賜宴陪祭的官員百姓，慰勞他們連日來的奔波勞碌。一切完畢，
皇帝一行回京。文武百官及軍民百姓都到德勝門迎駕。

皇帝謁陵，隨行的眾多官員，都要在頭天晚上趕到昌平，以便起早兒祭
陵。行宮不能住，茅屋不肯住，公署衙門容納不下，只能到相關部門借宿。
就如兵部官員住在衛所，戶部官員住在倉司，給事中住在劉蕡祠，翰林學士
住在文廟。察院是御史住宿的地方。

據《光緒昌平州志》記載：嘉靖十四年秋，明世宗謁陵途至沙河時候，順
天巡撫，七差御史，薊州、霸州、天津兵備道官以及昌平知州等官率師生、耆
老人等跪迎沙河大道之東，天壽山守備率八衛指揮千百戶等官跪迎大道之西。
皇帝進入行宮之後，眾人到行宮大門之內，中門之外再朝拜皇帝行五拜三叩頭
禮，禮畢即退，眾官等皇帝祭陵回駐沙河時再次施禮迎駕。每次迎駕時候皇帝
都會對迎接官員賜以酒宴。〔註17〕

七、景泰陵

景泰七年（1456），景帝的皇后杭氏死後，景帝即在十三陵陵區修建壽陵，
陵還未全部建成，英宗已復位，景帝被廢。景帝死後，以王禮和杭氏葬在京
西的金山。（而景帝生前建的陵埋葬了在位僅二十九天的光宗朱常洛，名為慶
陵，俗稱為「景泰窪」）後來英宗的長子憲宗朱見深即位，認為叔父「戡難保
邦，奠安宗社」有功，又追尊為景皇帝，廟號代宗，并將郕王墓擴建為皇帝
陵。到嘉靖朝時，又改建碑亭，易綠瓦為黃瓦。今亭內立乾隆三十四年（1769）
清高宗御製《題明景帝陵詩碑》，有序和跋語，對于謙保衛京師和景泰帝重用
于謙保衛社稷的史實做了較為中肯的評價。

景帝陵與其他帝陵比較，小而簡陋。1949 年後，鄭振鐸、吳晗兩位學者
為了獲得此陵地點，用了整整一天時間在南郊和西郊查找，終於在金山找到了
它。以後中國政府撥款進行修繕，使這座第十四陵得以保存。〔註18〕

獻皇帝〔註19〕陵在湖北鍾祥縣東十里松林山（後號純德山）嘉靖三年，葺

〔註17〕高建軍：《明陵行宮鞏華城》，北京：中國文聯出版社，2017 年，頁 70～76。
〔註18〕吳夢麟：〈第十四座明帝陵的由來〉，《文物天地》，1985 年 2 月。
〔註19〕明武宗崩，無子，世宗以藩王繼位，追尊其本生父為興獻皇帝，名其墓曰「顯
　　　　陵」在湖北省鍾祥縣東十里純德山陽。明在其地設興都留守司以保護陵寢。

陵廟，薦號曰顯陵。《明史‧趙璜傳》：「司香內官言：『陵制狹小，請改營，視天壽山諸陵。』《明政統宗》：「九月，錦衣百戶隨全、光祿錄事錢子勳既以罪褫，希旨請獻帝顯陵改葬天壽山。事下工部，璜以為：『改葬不可者三：皇考體魄所安，不可輕犯，一也；山川靈秀所萃，不可輕洩，二也；國家根本所在，不可輕動，三也。昔太祖不遷皇陵，〔註20〕太宗〔註21〕不遷孝陵願以為法，不敢輕議。』上命禮官集議。」《明史‧席書傳》：「十月，禮部尚書席書會廷臣集議，上言：『顯陵先帝體魄所藏，昔高皇帝不遷祖陵，文皇帝不遷孝陵。全等詔諛小人，宜下法司按問。』報曰：『先帝陵寢在遠，朕朝夕思念，其再詳議以聞。』書復集眾議，極言不可。乃已。」〔註22〕

紹武君臣冢，是南明紹武帝朱聿鐭與大臣的合葬墓，位於廣東省廣州市越秀公園內。背依青山，前臨溪水。清光緒年間，粵東紳士重修墓冢時，在墓前立有石碑一通，碑上陰刻「明紹武君臣冢」六個大字。墓冢無封土，周圍芳草環護，蕭穆清幽。〔註23〕

〔註20〕《大政記》：「丙午四月丁卯，太祖至濠州，念祖考葬時，禮有未備，乃詢改葬典禮、服制於許存仁等。皆以儀禮『改葬、緦、』對。時有言『發祥之地，靈秀所鍾。不宜啟遷，以洩山川之氣』，太祖然之。乃命增土培其封，置守塚二十家。」

〔註21〕永樂皇帝於樂二十二年七月庚寅日病故，享壽六十五歲，被明仁宗諡為「體天弘運，高明廣運，聖武神功。純仁至孝，文皇帝」廟號太宗，簡稱為「太宗文皇帝」其後，到了嘉靖十七年，明世宗把他的諡法之中的「體」字改為「肇」字，廟號的「太宗」二字改為「成祖」。

〔註22〕謝敏聰：《中國歷代帝王陵寢考略》，台北：正中書局，1979年增訂再版，頁171。

〔註23〕王濂著：《明代十八陵》，大連出版社，1999年，頁61。

圖　版

（一）明祖陵　江蘇盱眙

明祖陵濱淮河不遠

明祖陵文保碑

明祖陵石像生全景

丹陛橋

石像生行列側景

控馬官與石馬

石馬 殿宇石柱礎

寶城及石台五供

（二）明皇陵——安徽鳳陽

鳳陽明皇陵石獸

明皇陵文翁仲

明皇陵武翁仲

明皇陵石人與石獸（控馬官與馬）

明皇陵碑

明皇陵享殿石柱礎

鳳陽明皇陵墳丘

（三）明孝陵——南京

明孝陵大金門

明孝陵四方城內大明太祖高皇帝
神功聖德碑

明成祖朱棣撰文

石駱駝

明孝陵石獸

明孝陵石象（一）

明孝陵石象（二）

明孝陵石柱

明孝陵石人（武將）（一）

明孝陵石人（武將）（二）

明孝陵石人（文官）

明孝陵文保碑

明孝陵文武方門

明孝陵正紅門

明孝陵櫺星門

康熙南巡，御筆「治隆唐宋」碑於明孝陵

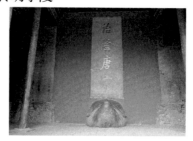

明孝陵祾恩殿（清代復建）

明孝陵明樓

民國元年（1912 年）2 月 15 日，中華民國開國元首 孫中山先生親祭明孝陵

資料照片

（四）明十三陵

朝宗橋碑

朝宗橋

明十三陵第 1 座建築

　　朝宗橋建於 1448 年（明正統十三年），為明朝皇帝朝謁其祖宗陵寢所經之石橋，全長 130 公尺，寬 13 公尺，七孔、實心板護欄，迄今仍在使用。文字說明取自梁欣立著：《古橋》，北京圖書館出版社，2007 年，頁 338～340。

明十三陵示意圖

引自《明十三陵畫冊》，香港：新民主出版社出版，北京：中國圖書進出口總公
司總發行，1987 年。

明十三陵總牌坊

大明長陵神功聖德碑亭

明十三陵

明十三陵參道石獸群

明十三陵參道石翁仲

明十三陵參道石翁仲

明十三陵石獸（一）

明十三陵石獸（二）

明十三陵石獸（三）

明成祖長陵裬恩門

長陵裬恩門匾額

明成祖長陵焚帛爐

長陵裬恩殿丹陛

明成祖長陵祾恩殿

十三陵的建築中，以成祖長陵最為雄偉，祾恩門為祾恩殿的殿門，入此門即進入所見的祾恩殿，它是十三陵中現存唯一完整的木構古殿宇，也是中國帝陵中現存最早的木構建築物，和北京故宮太和殿、曲阜孔廟大成殿並稱現存中國三大宮殿建築。

明長陵一景

明長陵二柱門及明樓

明長陵明樓碑

長陵為明成祖朱棣（1403～1424年在位）的陵墓，是十三陵中建築最早、規模最大的一座。整個陵園分為三進院落，包括陵門、神庫（已不存在）、神廚（已不存在）、碑亭、祾恩門、祾恩殿、欞星門、明樓、寶城等。明樓（左圖）為方形，可沿磴道登上，四面闢券門，頂為黃筒瓦重檐歇山式，上檐下有匾額「長陵」，明樓上層正中立著明長陵硃砂碑上刻，「大明成祖文皇帝之陵」（右圖）。

明仁宗獻陵（一）

明仁宗獻陵（二）

明獻陵殘牆

明獻陵石橋涵洞

獻陵是仁宗朱高熾的陵墓。這座陵是十三陵前十二陵中最簡樸的一個，由於地形原因，獻陵的大殿與明樓不是直接連屬，而是中間被一座形如几案的小山隔開。根據風水師的理論，它是長陵背後龍脈的砂腳，是不能動的。因此大殿、明樓各繞圍牆，自成院落，現在大殿已不存，左圖中為獻陵殘牆。

作者攝於明宣宗景陵

1988 年 8 月，宋肅懿女士攝。

明宣宗景陵寶城城垣 1 景

明景陵一景

景陵為宣宗朱瞻基的陵寢，規制較小，寶城的形狀因地勢關係建得
比較修長。

復建的明英宗裕陵祾恩門

明英宗裕陵

明憲宗茂陵

明孝宗泰陵

明武宗康陵

明世宗永陵碑

永陵無字碑。永陵是明世宗朱厚熜（1522～1566 年在位）的陵寢。其規模不及長陵，但精美細緻則有過之而無不及。碑上無字，象徵「皇恩浩蕩」，不是文字所能形容的。

明穆宗昭陵

昭陵是明朝第十二代皇帝穆宗朱載垕（1567～1572 在位）與其三位皇后的陵墓，在十三陵中，規模中等。1986 年開始修復，並已開放參觀。昭陵是修復過的明陵中地面建築最為完整的陵墓。

明神宗定陵

定陵是明神宗的陵寢，制仿永陵，是規模較大的一個，佔地 18 萬平方公尺。自萬曆十三年（公元 1585 年）動工，每日動用軍工、民伕約 2、3 萬人，歷時 6 年才完工。圖中為定陵二柱門及明樓。

明定陵石五供

明定陵陵寢門

明定陵明樓上部

明定陵地下宮殿入口

明光宗慶陵殘牆

明慶陵祾恩殿遺址

慶陵是光宗朱常洛的陵寢，其地面建築形制基本同獻陵一樣，也因怕傷「龍脈」，在祾恩殿後有一小山沒敢動。因此，祾恩門、祾恩殿有一周圍牆，而小山後的小紅門、龍鳳門、石供案、明樓又有一周圍牆，最後面是圓丘式寶城。上圖中為慶陵琉璃門。下圖中為祾恩殿基石雕。

明慶陵陵寢門（一）

明慶陵陵寢門（二）

明慶陵二柱門及明樓

明慶陵祾恩殿丹陛的石雕

明熹宗德陵

德陵是熹宗的陵寢。此陵興建時距明亡還有 20 多年，仍能維持明陵的制度。德陵座東向西。明樓從左右都可以登上去，墓碑的方座刻著「八寶」花紋，與其他陵不同。圖為德陵二柱門（殘柱）及明樓。照片為清東陵文物管理處副處長于善浦先生（左）與謝敏聰合影。1993 年 9 月。

明思宗思陵

思陵位於長陵西南約 6 公里的錦屏山下，是思宗的陵寢。崇禎力圖挽救瀕臨崩潰的明帝國達 17 年，最後仍然做了亡國之君，草草葬於田貴妃陵址，佔地不過數畝。圖為思宗思陵陵碑。

明太監吳承恩墓碑

明十三陵大觀

金門魯王墓

南明監國魯王朱以海（1618～1662年）。崇禎17年（1644年）嗣王位。次年，清兵陷南京，張國維、錢肅樂等起兵浙東，擁他監國。同時，唐王在福建稱帝，兩政權互相傾軋。紹武元年（1646年）清兵攻取浙東，他流亡海上，到永曆7年（1653年）取消監國名義，後在金門病死。

公元1959年8月22日，台灣軍隊在金門舊金城城東，炸山採石之際，發現古墓一座，便發掘之，而發現一塊近於方形的長方石碑，經細詳其文字，確定為南明監國魯王朱以海壙誌。當時一起出土的還有永曆通寶、方磚、瓷碗等。

第二十一章　清朝陵寢

帝　系	姓　名	陵　名	陵　地
先　世			
清朝皇室姓：愛新覺羅			
肇祖	孟特穆	永陵	遼寧省撫順市新賓滿族自治縣永陵鎮。
興祖	福滿	永陵	遼寧省撫順市新賓滿族自治縣永陵鎮。
景祖	覺昌安	永陵	遼寧省撫順市新賓滿族自治縣永陵鎮。
顯祖	塔克世	永陵	遼寧省撫順市新賓滿族自治縣永陵鎮。
本　朝			
太祖	努爾哈赤	福陵	瀋陽城東北三十里天柱山南麓。
太宗	皇太極	昭陵	瀋陽城西北十里隆業山南麓。
世祖	福臨	孝陵	河北省唐山市遵化市西北七十里昌瑞山。
聖祖	玄燁	景陵	河北省唐山市遵化市西北七十里昌瑞山。
世宗	胤禎	泰陵	河北省保定市易縣西五十里泰寧鎮永寧山。
高宗	弘曆	裕陵	河北省唐山市遵化市西北七十里昌瑞山。
仁宗	顒琰	昌陵	河北省保定市易縣西五十里泰寧鎮永寧山。
宣宗	旻寧	慕陵	河北省保定市易縣西五十里泰寧鎮永寧山。
文宗	奕詝	定陵	河北省唐山市遵化市西北七十里昌瑞山。
穆宗	載淳	惠陵	河北省唐山市遵化市西北七十里昌瑞山。
德宗	載湉	崇陵	河北省保定市易縣西五十里泰寧鎮永寧山。
恭宗	溥儀	獻陵	河北省保定市易縣泰寧鎮永寧山華龍皇家陵園。

　　清朝是中國歷史上最後一個王朝，無論人口與土地，其帝國規模，在當時

世界上均是數一數二，由興起到覆亡也延續 296 年之久。

清廷入關以後，東北關外及北京附近，兵災較少，因而在這些地區的清朝皇陵，至今保存相當完整，蔚為大觀。

由於年代距現今很近，又集歷代制度的精華，範圍廣大，蒼松掩映，石徑清幽，宮殿樓台，若隱若現，遊客到此，心情為之釋然。

清朝興起於東北地方，是由滿朝建立的，後入主中原，因此皇陵可分為關外與關內兩個系統。

關外陵寢為：

1. 永陵：在遼寧省撫順市新賓滿族自治縣，叢葬清朝先世遠祖。
2. 福陵：在瀋陽市東郊，葬清太祖努爾哈赤。
3. 昭陵：在瀋陽市北郊，葬清太宗皇太極。

關內陵寢有兩處：

1. 東陵：在河北省唐山市遵化市，葬順治、康熙、乾隆、咸豐、同治 5 帝。
2. 西陵：在河北省保定市易縣，葬雍正、嘉慶、道光、光緒 4 帝。

一、永陵——清朝第 1 陵

永陵位於遼寧省撫順市新賓滿族自治縣，清朝第 1 京——興京赫圖阿拉城西北約 5 公里。背依啟運山，前臨蘇子河，與風水山烟筒山，隔河相望，佔地約一萬一千平方公尺。

永陵格局雖小，但景深開闊，風光旖旎，猶如點綴在萬山叢翠中的一片紅葉，其地理形勢有如清·佚名著《皇清風水紀略》所載：「萬峯環拱，眾水朝宗，龍蟠虎踞」。

永陵原名興京陵，初建於明萬曆 26 年（公元 1598 年）。清順治 16 年（公元 1659 年）改稱永陵。葬有努爾哈赤的 6 世祖孟特穆（明永樂年間，建州左衛指揮使，追尊為肇祖）的衣冠、曾祖福滿（太宗建清國，為 4 親之首，追尊為興祖）的衣冠、祖父覺昌安（追尊為景祖）、父塔克世（追尊為顯祖）和伯父禮敦（武功郡王）、叔父塔察篇古（多羅恪恭貝勒）與他們的妻室等人的遺骨。

陵園四週繞以紅牆，南門（大宮門）內橫排著四座碑亭，各置肇祖、興祖、景祖、顯祖碑，碑與碑亭都是立於順治年間（公元 1644～1661 年）。碑亭前後兩側為祝版房、齊班房、茶膳房、滌器房等建築。碑亭往北有啟運門、左右照壁及石獅一對，是三間帶週圍廊子。

　　再入為啟運殿，這是陵園的主體建築。殿頂為單檐歇山式，覆黃琉璃瓦。殿內四壁崁飾著五彩琉璃蟠龍。殿內供設暖閣、寶床和神位，殿西南還有焚帛爐一座，殿的左、右有配殿，各 3 間帶週圍廊子。

　　啟運殿後是寶城，俗稱月牙城。城寬 22.4 公尺，縱深 18.7 公尺，平面略呈鐘形，城中陵冢環列，均為平地起封，永陵沒有地宮，墳墓排列是興祖福滿居中，肇祖孟特穆在其東，景祖、顯祖在其前，禮敦、塔察篇古更在其前的下層。

　　當年，在福滿墓前，曾生長過巨榆一株，盤曲糾結，枝繁葉茂，如傘如蓋，蔭罩寶城，頗為這羅列在台地上的墓群增添了幾分生意。於是，當乾隆於公元 1778 年前來謁陵祭祖的時候，這株巨榆被尊封成了「神樹」；乾隆還特為之撰寫了《神樹賦》，不料，到同治二年（公元 1863 年），由於連日降雨，土質疏鬆，「神樹」在暴風雨中傾倒，龐大的樹根甚至將寶頂和地宮掘起，這使皇室一陣驚慌。儘管後來清皇室曾多方培土修整，老榆也曾一度重生側枝，但，終歸糟巧。

　　自康熙、歷雍正、乾隆、嘉慶、道光等帝有十一次東巡謁陵祭祖之儀，終清之世，就是平常每年也要舉行大祭六次，小祭二十四次。〔註1〕

二、福陵──「天柱排青」瀋陽 8 景之 1

　　福陵又稱為東陵，但有別於河北省遵化市的清東陵。在瀋陽市東北 11 公里的丘陵地上。為清太祖努爾哈赤與孝慈高皇后葉赫那拉氏的陵寢。

　　前臨渾河，後倚天柱山，萬松聳翠，大殿凌雲。始建於後金天聰 3 年（公元 1629 年），清順治 8 年（公元 1651 年）基本建成。康熙、乾隆兩朝繼有增建。佔地 194800 平方公尺。

　　陵座北朝南，在方形城牆之內，其內又設寶城，下面為地下宮殿，放置帝后梓宮。方城上 4 角各有角樓 4 座，每座為 2 層樓。

〔註1〕〔日〕園田一龜：《清朝皇帝東巡の研究》，大阪：大和書院，1944 年，頁 12、29、63、74、82、105、115、127、141、149、155；單玲、黃英霞〈關外三陵之首──永陵〉收入曹文奇主編：《新賓清前史研究論叢》，瀋陽：遼寧民族出版社，2003 年；陸海英、王艷春：《盛京三陵》，遼寧民族出版社，2002 年；王佩環：《盛京三陵》，瀋陽：遼寧美術出版社，1990 年；李榮發〈永陵寢宮〉，收入撫順市社會科學研究所、撫順市地方史研究會編：《撫順名勝古蹟》，1984 年，頁 87。

寶城前有明樓，樓上有巨碑 1 座，鐫刻滿、漢兩種字體，題為「太祖高皇帝之陵」。

明樓前有隆恩殿，三楹。進殿的丹墀分為 3 路，中路丹墀刻有盤龍，其兩旁雕有花石欄杆。隆恩殿內設有龍鳳寶座 2 座，福晉椅東邊、西邊各 1 隻；大、小暖閣各 1 座，大暖閣（又稱寢宮）內設寶床帷幔，供奉帝后神牌，小暖閣也供奉有神牌。

隆恩殿南為隆恩門，三楹，樓門三層，登臨四望，城廓河山，盡收眼底，其南為省牲亭，齊班房各 3 楹。

隆恩門前有「太祖高皇帝神功聖德碑」亭，碑石晶瑩，雕刻極為細緻，仍用滿漢兩種字體。

碑亭前有橋 2 座，更前有「一百單八磴」，即 108 級石階由上往下。東西有華表柱 4 根，橋邊左右列石獅、虎、駝、馬各二隻。

最前面的 1 道門，也是福陵的入門，叫大紅門，3 楹，兩旁有 2 頭雕刻石獅，華表柱 2 根，石牌樓 2 座，繚牆環繞於外。〔註 2〕

三、北陵──東北最有名的古蹟

北陵正確名稱為昭陵，在瀋陽城北 500 公尺處，為清太宗皇太極與孝端文皇后博爾濟吉特氏的陵墓，是東北清初 3 陵中規模最大的。清太宗崇德 8 年（公元 1643 年）建造，翌年即順治元年（公元 1644 年），太宗安葬，整個工程約 50 年後完工。

順治 8 年，封陵山為隆業山，這是人工堆積而成的。昭陵全部面積 450 萬平方公尺，建築面積 16 萬平方公尺，規制一如福陵。也設有寶城、月牙城。方形城牆上有角樓 4 座，每座 2 層。方城上明樓內有墓碑 1 座，刻著「太宗文皇帝之陵」。

明樓南，有隆恩殿，三楹，殿內大暖閣、小暖閣式樣與閣內陳設均與福陵相似。

隆恩門，三楹，規制同福陵，因昭陵在平地上，所以沒有「108 磴」。門前有碑亭，立「神功聖德碑」1 座。亭前後有華表柱 4 根。左右列石刻麒麟、獅、虎、駝、馬各 2 尊。

〔註 2〕 王佩環：《盛京三陵》，瀋陽：遼寧美術出版社，1990 年，頁 24～25；瀋陽一宮兩陵志編委會編著：《瀋陽福陵志》、《瀋陽昭陵志》，瀋陽：遼寧民族出版社，2006 年。

前面的正門為大紅門，3 楹，再往最前有一座石牌樓，1 座石橋，華表柱
2 根，石獅 2 頭。〔註3〕

四、東陵——清朝規模最大的陵區

東陵是清朝最大的陵墓群。也是中國現存體系最為完整的古代皇帝、后、
妃的陵墓群。其陵區建築物和雕刻物的數量都超過了在北京西北 45 公里處的
明朝的十三陵。這裡埋葬著順治、康熙、乾隆、咸豐、同治等 5 位皇帝；慈禧、
慈安等 14 位皇后與 136 名的妃嬪。

（一）山環水繞，鬱蒼佳氣

東陵離北京 125 公里，在河北省遵化市（屬唐山市管轄）西北的馬蘭峪。
其地處燕山南麓，陵區東起馬蘭峪，西至黃花山，北接靈霧山，南面有天台、
烟墩兩山對峙，南北長 125 公里，東西寬 126 公里，總面積為 2500 平方公
里。

整個陵區劃分為「前圈」和「後龍」兩部分，前圈是陵園的建築區，占地
48 平方公里，後龍是襯托山陵建築的綠化區築的綠化區域，位於前圈的北隅，
範圍很大，地跨遵化市、薊州區、密雲區。〔註4〕

前圈四周環山，是個小盆地。正北是雄偉的昌瑞山，它主峰突起，兩側山
峰層層低下，向東西伸展，正南面，兩山對峙，形成寬不足 50 公尺的自然谷
口（俗稱龍門口，又稱興隆口）。

此即地理契合歷來皇陵要求風水特點：背山面水，左青龍，右白虎，中間
明堂，與明朝 13 陵風水相似。

200 多年來，清廷在此興建了二百二十七座主要的宮殿牌樓，組成了大小
15 所陵園（皇帝陵 5 座、皇后陵 4 座，妃園寢 5 座、公主陵 1 座）。這裡的建
築面積比北京故宮還要多幾 10 萬平方公尺。其周有紅牆圍繞，牆外還有六十
公尺寬的防火道。

根據清人昭槤《嘯亭雜錄》的記載，清東陵的陵地是順治皇帝選定的，有
一次順治到此地打獵，看到這裡山環水繞，林木蒼鬱，景色幽美，就對侍臣說：
「此山王氣蒼鬱非常，可以為朕壽宮。」說罷取出佩鞢擲之，對侍臣昌「鞢落
處，定為佳穴，即可因以起工。」就這樣，於此開闢清廷入關後第一陵區。其

〔註3〕 王佩環編寫：《盛京昭陵》，瀋陽出版社，2004 年，頁 7～9。
〔註4〕 于善浦：《清東陵大觀》，石家莊：河北人民出版社，1989 年，頁 1～5。

實早在明朝崇禎帝時，感到昌平陵區（今明朝 13 陵地）已無佳地可用，派人找到此地（遵化馬蘭峪）為塋。時值戰亂，無暇興工明朝即亡。順治 18 年（公元 1661 年）順治帝死後，在此修建「孝陵」。

（二）清東陵總神道

孝陵（順治陵）是清東陵的主陵，總神道是以孝陵為主體形成的陵區南北中軸線，總神道寬 12 公尺，長達 6 公里。其他各陵則是由中軸線兩側分出支道，形成一個完整的體系。

5 門 6 柱 11 樓的石牌坊是陵區最前面的建築物，是用木結構的手法建造的，全部以漢白玉石（即大理石）卯榫而成。額枋上雕刻著旋子大點金外加彩繪的圖案。在夾杆石的 4 邊浮雕著雲龍戲珠、雙獅滾球，夾杆石上還立體雕著臥獸，獸姿生動。石牌坊高 13 公尺，寬 32 公尺，矗立在大紅門外廣闊的原野上，氣勢格外雄偉。

大紅門是陵區的正門，門前有官員人等到此下馬的「下馬碑」，門內東側有一組建築，稱為「俱服殿」，謁陵者在此更換禮服。大紅門的正北面矗立著「大碑樓」內有順治帝的「神功聖德碑」，碑身為整塊巨石雕成，重達數萬斤，碑亭 4 角各有 1 根華表柱，高達 10 公尺。

再往前走，有一座自然形成的影壁山將神道分成前、後兩段，神道彎曲繞過影壁山，神道兩側連續排列著望柱以及 18 對石像生：獅、狻猊、駱駝、象、麒麟、馬、文臣和武將等均垂著蕭立，莊嚴群穆，其體形較明 13 陵小一些。但數量之多，非清代任何一個帝陵可比。

進入龍鳳門（又稱牌樓門），經過漫長的神道後，再穿過 4 座石橋（單孔石橋、7 孔石橋〔又稱為 5 音橋，其長約 100 公尺，兩邊各用 220 塊還的響石為欄板，依照中國古代音律，宮、商、角、徵、羽 5 種的音階次序排列，擊之能發出金屬性的樂聲。〕、5 孔石橋、3 孔石橋），便到達了孝陵前的廣場。〔註5〕

特別一提的是，從明孝陵（位於南京鍾山）開始，歷昌平明 13 陵，以致遵化清東陵、易縣清西陵，陵區總神道均有一小段或一大段為彎曲形狀，此即風水學上，曲主吉，直主凶。

孝陵廣場的中間點是「小碑亭」內置神道碑，旁有東、西值房。其後高臺

〔註5〕《細說錦繡中華彩色珍本》，台北：地球出版社，1975 年，埋葬中國末代王朝的陵墓，頁 327。

上的隆恩門是孝陵陵寢的正門，門內有隆恩殿。

隆恩殿是一座建在 1 公尺多高的漢白玉欄杆圍繞的基座上，面闊五間，進深三間，重檐歇山九脊屋頂的享殿。其上檐上翹，下檐重昂，上塗金色，輝煌無比。殿內楹柱上有金龍盤繞，光彩奪目，地面「金磚」燙臘，亮如鏡。殿內東、西排列有暖閣三間，供奉順治皇帝及皇后的牌位，門口掛有緞面 5 彩織金九龍帳幔；殿前有東西配殿。殿後則為 3 座門（琉璃門）、2 柱門石五供、方城、明樓。明樓內正中為 1 通石碑，上面刷成紅色，用漢、滿、蒙 3 種文字刻著大行皇帝的諡號（漆以金色）。再後有前方後圓的寶城（或稱寶頂），寶頂下為地下宮殿，地宮內安放順治及孝康、孝獻 2 位皇后的骨灰罈。

（三）東陵風水牆外的昭西陵

昭西陵是順治的生母孝莊的陵寢，孝莊遺囑：「不忍遠去，於孝陵近地安厝」。孝莊是清太宗皇太極的皇后，瀋陽的清太宗陵叫昭陵，孝莊陵在河北遵化，相距 700 公里，位於昭陵之西，因此稱昭西陵。

昭西陵位於東陵的風水牆外，因為昭西陵不屬於東陵系統。又因孝陵是東陵主陵，但孝莊輩份高於順治。因此昭西陵建於大紅門東旁。

（四）東陵第 1 座皇后陵──孝東陵

孝東陵是順治皇后孝惠章皇后的陵寢，位於孝陵東側不到 500 公尺，黃瓦朱垣，規模壯觀。

孝東陵神道與孝陵神道相連接。孝東陵規格低於孝陵，沒有神道碑亭、石像生、龍鳳門（或牌樓門）、二柱門。

孝東陵也是皇后陵兼妃園寢的形式，這也是孝東陵的特點。方城前神道兩側各有縱向兩行小寶頂。內側兩行，東 4、西 3；外側兩行，東 10，西 11。總之神道每側有 14 座寶頂，共 28 座內葬 7 位妃、17 位格格、4 位福晉。

（五）康熙景陵──彎曲小神道

這一座陵是標準的帝陵規制，由南往北主要單體建築有聖德神功碑亭、5 孔橋、石像生、下馬牌、神廚庫、牌樓門（龍鳳門）、神道碑亭、東西朝房、3 路 3 孔拱橋、東西班房、隆恩門、東西燎爐、東西配殿、隆恩殿、陵寢門、二柱門、石 5 供、方城、明樓、寶城、地宮。地宮內葬康熙及 5 位皇后、皇貴妃。

彎曲小神道是景陵的特例。在 5 孔橋以北，西側砂山下有 1 條小河，彎彎

曲曲向南流去，受河水流向影響此段神路只能修成彎曲的，5 對石像生也就隨著神路的彎曲佈置在這段神路的兩側。

在景陵東側 200 公尺左右，有清王朝修建的第 1 座妃園寢，葬有康熙的 48 位妃嬪，稱為「景陵妃園寢」。建築佈局是標準的妃園寢規制。

園寢最前面馬槽溝上有 1 孔拱橋 1 座，拱橋東側有石平橋 1 座。往北依次為：東西廂房各 5 間、東西班房各 3 間、宮門 3 間、東側建燎爐 1 座。正面單檐歇山頂享殿 5 間，享殿後為園寢門 3 座。

進了園寢門為後院，各位妃嬪都各自為券，地位較高的妃嬪在前排居正，地位低下的妃嬪排列在後面。

園寢圍以週牆。除廂房、班房為灰布瓦外，其它建築均以綠色琉璃瓦蓋頂。

（六）景陵雙妃園寢──規格最高的園寢

在景陵妃園寢的東側還建有 1 座妃園寢，園寢內 3 座綠色琉璃瓦蓋頂的明樓東西並列。

地宮內葬著兩位康熙皇帝的 2 位貴妃即慤惠皇貴妃與惇怡皇貴妃。慤惠居東，惇怡居西。

慤惠與惇怡在乾隆幼年，對乾隆提攜看視，備極周至。乾隆感念這 2 位祖母，特別為之另建園寢。

（七）乾隆裕陵──規模、藝術清陵第 1

裕陵主體建築的中軸線正對金星山，這條線便是所說的風水線。其神道南端與孝陵相連。

裕陵是清朝盛世時期修建的，其品質在諸帝后陵寢中是最佳的。整個陵寢由聖德神功碑亭、5 孔橋、石像生、牌樓門、神道碑亭、隆恩門、配殿、隆恩殿、方城、明樓、寶頂以及地下宮殿等主體建築組成。

清東陵所有的人造砂山以裕陵體系最為完整。皇帝陵的風水是座北朝南，後有山巒為屏障，這可阻擋北來風砂，並向陽，前方也要有淺崗及遠山相呼應；左右兩翼要有山丘逶迤環抱。陵區左邊為龍砂，右邊為虎砂，拱衛陵區，大碑樓以北還有一座砂山。由於砂山環繞於陵寢週圍，使每座陵寢各自成為一個獨立完整的體系。

裕陵大殿是大木樑架結構，內有暖閣 3 間，東暖閣是佛樓，中、西暖閣放帝、后、妃神牌。

　　裕陵最有特色的是地宮，整個建築採用傳統的，不用樑柱的石拱券構成。地宮進深 54 公尺，總面積為 372 平方公尺。內有石門 4 道。整個地宮佈滿雕刻，多為佛像、佛經。

（八）裕陵妃園寢

　　裕陵妃園寢東距裕陵 500 公尺左右，葬著乾隆的皇后及妃嬪等 36 人。園寢建築由南至北依次為：1 孔神路橋、東西廂房、東西班房、宮門、燎爐、東西配殿、享殿、園寢門、方城、明樓、寶城、寶頂，後有 34 個小寶頂分成 5 排，井然有序的排在院內。

　　容妃，俗稱香妃，也在裕妃園寢內。

（九）咸豐定陵

　　定陵的建築，貫穿在 1 條長 3658.55 公尺長的神路上。神路南端與孝陵神路相接。

　　定陵地勢陡峭，建築物依次櫛比升高。結構十分緊湊、整齊，5 孔橋北，宮門以外的 8 組建築物，整齊有序地排列在長只有 322 公尺的距離上。

　　地宮內葬咸豐及孝德顯皇后。

（十）慈安、慈禧的定東陵

　　咸豐的 2 位皇后慈安與慈禧的陵墓，位於東陵東側稱為定東陵。

　　兩陵之間隔 1 道馬槽溝，規制完全 1 樣，但慈禧陵的豪華程度遠遠超過了慈安陵。

　　慈安陵在西側，依後靠山之名，稱為普祥峪定東陵。

　　慈禧陵在東側，依後靠山之名，稱為普陀峪定東陵。

　　慈禧陵內隆恩殿四週的大理石欄杆、欄板和望柱均雕刻著精美細緻的龍鳳呈祥、水浪浮雲等圖案；殿前的龍鳳彩石以鳳戲龍的構圖更為別致。殿內明柱上有半立體金龍盤繞，斗栱、梁枋和天花板上的彩繪全部貼金，使整座大殿金碧輝煌，光彩奪目。地宮內安放慈禧梓宮。〔註6〕

　　另定陵東側 200 公尺，有定妃園寢，埋葬 15 位咸豐的妃嬪。

（十一）同治惠陵

　　在景陵東南 3 公里處，有同治惠陵。規制大致如前述東陵區內諸帝陵，但

〔註 6〕徐廣源：《清朝皇陵探奇》，北京：新世界出版社，1998 年，頁 148～156。

建築材料與諸帝陵相比，實有過之，特別是各建築的主要木構架用料完全選用木質堅硬而珍貴的「銅鐵木」製作的，稱為「銅樑鐵柱」，這是在清朝前代各陵所沒有的。直到現在，惠陵的梁、桁、柱、枋雖然經歷了 100 多年的風雨侵蝕，但仍完好如初。

惠陵西側，有埋葬 4 位同治皇貴妃的惠妃園寢。〔註7〕

五、清西陵──清朝第二大陵區

西陵在河北省易縣城西 15 公里的永寧山下，東北距北京 125 公里，週圍面積 800 平方公里，先後施工 180 多年，是清朝第 2 大陵區。

西陵四週層巒疊嶂，地勢開朗。西有紫荊關，南有易水，東南為燕國下都遺址。

雍正 8 年（西元 1730 年）選易州永寧山下太平峪為陵址，翌年興建泰陵，於是清廷入關後，便有東、西陵區之分。乾隆時訂「昭穆之制」，即父子不葬一地，相間在東、西 2 陵分葬。

西陵有皇帝陵 4 座：雍正泰陵、嘉慶昌陵、道光慕陵、光緒崇陵；皇后陵3 座：泰東陵、昌西陵、慕東陵；妃園寢 3 座；王公、公主園寢 4 座；總計 14座，葬 76 人。

陵內殿宇 1000 餘間，石建築和石雕刻 100 多座，建築面積達 50 多萬平方公尺。

泰陵是西陵的主陵，其餘諸陵分別在東、西兩側，建築形制除慕陵、崇陵無聖德神功碑、石像生、石雕等外，大體相同，唯慕陵，無明樓、寶城等建築，形制特殊。

（一）雍正泰陵

泰陵是西陵規模最大、興建最早的陵寢，內葬雍正帝、孝敬皇后和敦肅皇貴妃。神道長達 2.5 公里，寬 10 多公尺，最前有 3 座精美高大的石牌坊，進大紅門，右側有俱服殿，殿北是 30 公尺高的聖德神功碑樓。碑樓 4 角有大理石的華表柱，從此過橋是石人、獅、象等排列神道兩側。北有小山名蜘蛛山，作為影壁，繞入壁後即為龍鳳門，4 壁 3 門，壁上有用琉璃製成的雲龍花卉。

門北是神道碑亭，亭東北是神廚庫和井亭。過東、西朝房，正面是隆恩門，

〔註7〕晏子有：《清西陵》，北京：中國青年出版社，2000 年，敏聰全書通攬，濃縮而成的報告。

門內左、右有焚帛爐各1座，稍北是東、西配殿。東殿為放祝版的房子，西殿為喇嘛唸經的場所。

隆恩殿是正殿，殿內明柱瀝粉貼金包裹，殿內頂部有旋子彩畫，樑枋裝飾金線大點金，色彩調和，殿宇金碧輝煌。殿後有陵寢門、二柱門、石5供、方城、明樓。有馬道通寶城、城上有寶頂，下即地宮。地宮內除雍正的梓宮外，還祔葬著孝敬憲皇后和敦肅皇貴妃。

泰陵東北1.5公里，有乾隆的生母，雍正的孝聖憲皇后的泰東陵。泰東陵之南有埋葬雍正妃嬪21人的泰妃園寢。〔註8〕

（二）嘉慶昌陵

昌陵的建築佈局大致與泰陵相同。昌陵內葬嘉慶與孝淑睿皇后。

昌陵之西，有昌西陵，葬有嘉慶另一位皇后孝和睿皇后。

昌陵西南有昌妃園寢，葬嘉慶妃嬪17人。

（三）道光慕陵

道光即位之初，遵照乾隆：「嗣後吉地，各依昭、穆次序，在東、西陵界內分建」的遺旨，在東陵寶華峪建起陵寢，7年後孝穆成皇后梓宮葬入地宮，翌年地宮積水，道光一怒之下，將工程全部拆除，改選在西陵今址。

慕陵名稱是道光生前自行訂定的，其他清朝皇帝陵名稱都是由後代敬定的。慕陵制仿永陵，規模格局較小。隆恩殿全部採用金絲楠木，不施彩繪。門窗槅扇、梁柱雀替、天花藻井等處，全部以高浮雕的手法雕成許多條遊龍和蟠龍。

隆恩殿後，為1座3間4柱3樓的石牌坊。其後有5尺高的月台，月台上有圓形寶頂，寶頂前不建明樓是慕陵風格不同於其他各陵之處。

慕陵地宮葬道光及3位皇后。

慕陵以東100公尺，為慕東陵，內葬道光孝靜成皇后及其他16名妃嬪。

（四）光緒崇陵

崇陵在泰陵以東5分里，為光緒與隆裕皇后的陵寢，完工於民國2年（公元1913年），規模較小，仍如舊制，但有較為完善的排水系統。地宮為根據同治惠陵修建的。

〔註8〕陳寶蓉：《清西陵縱橫》，石家莊：河北人民出版社，1987年，敏聰全書通攬，濃縮而成的報告。

崇陵以東不遠，有崇妃園寢，埋葬瑾、珍二妃。〔註9〕

（五）溥儀墓

清朝末代皇帝溥儀，於 1967 年逝世，火化後葬於北京八寶山公墓，1995 年 1 月 26 日年已移葬西陵陵區的界牆外，在崇陵西北角的 1 個公墓內，為 1 座普通的小墳丘，距崇陵寶城約 200 公尺。

由清朝 5 大陵寢的規模，彷彿可以看到清朝的起源（先世永陵）、創建（太祖福陵）、奠基（太宗昭陵）、定鼎（順治孝陵）、盛世（康熙景陵、雍正泰陵、乾隆裕陵）、中衰（嘉慶昌陵、道光慕陵、咸豐定陵）、中興（慈禧陵、同治惠陵）、（光緒崇陵〔完工於民國 2 年〕、退位溥儀墓），因此清陵是清史的重要組成部分，也是一部具體而微的清史。

這些完整的陵寢，可以反映當時人的生活、思想（如視死如視生、風水觀念、階級等級意識），也可以反映當時國力的狀況。

清陵建築保存了大量的雕刻（木雕、石雕）、石建築（石坊、地宮）、木建築（隆恩門、殿及配殿），集清代官式建築之大成。〔註10〕

昔日皇室的風水寶地禁區，現已成為中外遊客訪古探幽、憩息遊覽的勝地。

〔註9〕邵述同等著：《清西陵攬勝》，石家莊：河北美術出版社，1987 年；于善浦：
《清代帝后的歸宿》，北京：紫禁城出版社，2006 年，頁 220。
〔註10〕朱金甫：《清代帝王陵寢》，北京：第一歷史檔案館，1982 年，頁 3。

圖　版

（一）清永陵　遼寧新賓滿族自治縣　1994年攝

永陵4碑亭

永陵啟運殿

永陵是清室第1座皇陵，4座橫排碑
亭為其特徵。

永陵啟運殿前的焚帛爐

永陵寶城

每逢大小祭日，獻帛及祝版，均在此
爐內焚之。

叢葬清肇祖、興祖、景祖、顯組。

（二）清福陵（東陵）　瀋陽東郊　1998年攝

福陵神功聖德碑樓

福陵隆恩門正面

福陵隆恩門及西南角樓

福陵為清太祖努爾哈赤的陵寢。

福陵隆恩殿及左、右配殿

福陵隆恩殿（中）及東、西配殿。隆恩殿為陵寢正殿。

福陵隆恩殿丹陛

福陵隆恩殿內景

由福陵明樓返視

福陵一景

福陵碑亭內的神功聖德碑

福陵石 5 供

據說石 5 供是用來鎮地宮門的，下面有隧道直通地宮。

福陵明樓

明樓為陵寢最高的建築。

福陵寶頂

在寶城中間，有個圓形墳堆，名為寶頂。

（三）清昭陵（北陵）　瀋陽北郊　1994 年攝

昭陵石牌坊

建於嘉慶 6 年（公元 1801 年），全部用遼陽青石雕成，為 4 柱、3 樓、單檐歇山式。

昭陵石獸

正紅門內通道兩旁有石獸群，其中有對白馬，是模仿太宗生前坐騎「大白」、「小白」雕成。康熙謁陵時，曾作《石馬歌》，以頌揚其祖父。

昭陵正紅門與華表柱

昭陵隆恩門

正紅門為陵寢正門，為 3 個半圓形拱門，上面建有單檐歇山式門樓。

昭陵碑亭

昭陵碑樓（前）及隆恩門（後）

碑樓建於康熙 27 年（西元 1688 年）。

昭陵隆恩殿

昭陵明樓

（四）清東陵　河北遵化

由昭西陵明樓返視

大玉兒皇后（孝莊）昭西陵

昭西陵明樓碑

昭西陵

東陵石牌坊

東陵石牌坊

東陵牌坊返視風水山金星山

清東陵下馬碑

東陵大紅門

清東陵具服殿

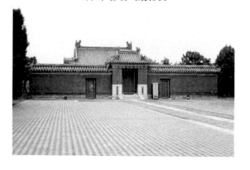

東陵孝陵神功聖德碑亭

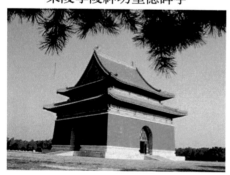

清東陵神道

清東陵總神道

清東陵華表

清東陵總神道長6公里，從南端的石牌坊起有
大紅門、碑亭、石獸、石人、櫺星門等。在總
神道兩側分出支道，通往其它各陵形成一個完
整的體系。

清東陵石獸

清東陵石獸

清東陵石像生

清東陵石像生

清東陵石像生武將

清東陵石像生文官

清孝陵石像生特寫

清孝陵石像生特寫

清孝陵龍鳳門

清孝陵前景

孝陵隆恩殿

清孝陵啞巴院內盜洞

孝惠章皇后（世祖后）孝東陵側景

由孝東陵明樓返顧

孝東陵明樓與諸寶頂

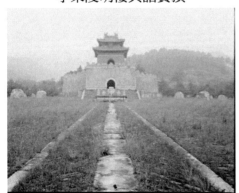

清東陵的石橋

景陵大碑樓

1952 年雷擊起火，頂部被焚，樑架、斗栱全被燒光，碑身被燒裂。

景陵彎曲的神道

翁仲、石獸擺設，隨神道彎曲是其特色。

景陵前景

景陵隆恩殿

景陵二柱門及明樓側景

景陵明樓正景

景陵雙妃園寢明樓

憨惠皇貴妃園寢碑

景妃園寢

乾隆裕陵神道

裕陵石雕（一）

裕陵石雕（二）

裕陵石雕（三）

清裕陵碑亭

清裕陵前景正景

清裕陵前景側景

裕陵隆恩殿

大清乾隆帝裕陵二柱門及明樓

清裕陵琉璃花門

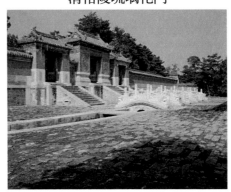

乾隆裕陵啞巴院（局部）

乾隆裕陵地宮

裕陵地宮雕刻（一）

裕陵地宮雕刻（二）

由裕陵明樓上返視隆恩殿、二柱門、石五供

裕陵明樓１景

裕妃園寢（一）　　　　　　　　　裕妃園寢（二）

裕妃園寢（三）

道光陵廢址

咸豐定陵前景

定陵牌樓門

定陵碑樓（前）及隆恩門（後）

定陵一景

由清定陵明樓返顧

慈禧太后定東陵普陀峪隆恩殿

慈禧陵配殿內貼金圖案（一）　　　慈禧陵配殿內貼金圖案（二）

由慈禧陵明樓返顧　　　　　慈禧陵明樓

慈禧陵碑亭內的石碑　　　　　慈禧陵寶頂

慈禧陵地宮

慈禧陵地下宮殿之慈禧棺椁

同治惠陵牌樓門

惠陵碑樓（前）及隆恩門（後）

惠陵隆恩殿

惠陵隆恩殿內部

同治惠陵石五供及明樓

主要木構架用料完全選用木質堅硬
而珍貴的「銅鐵木」製作的，稱為「銅
樑鐵柱」。

（六）東陵花絮

世紀的會面

自 1949 年至 1987 年，近 40 年間，台灣海峽兩岸人民因政治因素不能往來。兩
位研究中國皇帝陵的學者于善浦教授（右）時任清東陵文物管理處副處長、謝
敏聰（左），於 1988 年 8 月 4 日首度會面進行學術交流。（宋蕭懿女士攝）

1992 年 9 月，于善浦教授（右）與作者合攝於慈安太后定東陵普祥峪。

2018 年 11 月，謝敏聰（左二）與中國社會科學院研究生周娟霞同學（最右）、高厚哲同學（左一）訪于善浦老師（右二）

謝敏聰的工作照（一）

周娟霞同學攝，2018 年 11 月。

謝敏聰的工作照（二）

周娟霞同學攝，2018 年 11 月。

謝敏聰的工作照（三）

周娟霞同學攝，2018 年 11 月。

（五）清西陵　河北易縣

清西陵前景（一）

清西陵前景（二）

清西陵石牌坊

清西陵石牌坊細部

陵區南端大紅門外的廣場上，東、西、南三邊，矗立著3座高大的青白石牌坊，均是5門6柱11樓。此石牌群為清西陵的象徵。

清西陵正紅門

西陵總神道的華表

清西陵總神道碑亭（一）

清西陵總神道碑亭（二）

清西陵神道

清西陵神道的石象

文翁仲

武翁仲

清西陵總神道的翁仲。清代自雍正以後另於河北省易縣泰寧鎮永寧山建西陵。這裡有：
雍正（泰陵）、嘉慶（昌陵）、道光（慕陵）、光緒（崇陵）四位帝陵。1990 年代初，
宣統帝溥儀也由八寶山公墓移葬西陵界牆外，其離光緒崇陵的寶城僅 200 公尺。

泰陵隆恩殿

泰陵陵寢門

泰陵隆恩殿，面闊 5 間、進深 3 間，
重檐歇山黃琉璃瓦頂，氣氛肅穆。

泰陵前景

泰陵具服殿

泰陵二柱門

泰陵明樓碑

泰陵明樓

泰陵 2 柱門及明樓

昌陵龍鳳門及石雕

清昌陵前景

昌西陵

慕陵隆恩殿

慕陵隆恩殿的牌匾

慕陵一景

慕陵寶頂

崇陵神道

崇陵牌樓內

崇陵碑亭（前）及隆恩門

崇陵隆恩門

崇陵隆恩殿

崇陵陵寢門

崇陵石五供

崇陵明樓

永福寺山門

永福寺一景

永福寺一景

溥儀墓

第二十二章　結　論

　　中國古代陵寢制度由上古一路發展而來，歷代制度均有變革，因應當時朝代的國力、地理環境、文化變遷都做了有機的調整。

一、陵寢的沿革與中國文化的發展

　　陵寢是古代政治生活中的重要內容，也是古代文化的一個重要組成部分，陵寢規模的大小、佈局格式，往往可以反映出每個朝代的興盛、衰落與性格。陵寢制度的演變與當時社會變遷、經濟榮枯、政局變動有很大關係，陵寢之文物（地上、地下）為反映當代皇室生活——同時是當代生產技術、藝術成就的直接史料。近來旅遊事業發達，皇陵以其外部的壯觀與內部的神祕（特別是新發掘的地宮），成為最佳觀光勝地。因此整體中國皇陵的文化意義很值得探究，無論就學術或實用兩者著手研究，均可收相輔相成之效。本書內容總結如下：

　　（一）中國皇陵的沿革、今況與其地略

　　上古、秦漢、魏晉、隋唐五代、宋、遼、金、西夏、元、明、清諸朝陵寢陵地之佈局與今況，已分章敘述，附眾多圖表、照片以佐說明。而陵寢也是歷史地理如反映的課題之一。

　　（二）歷代陵寢建築之比較研究

　　各個時期的陵寢規建受時代環境、材料、技術等影響，使得建築結構、格局、造形、內外裝飾（壁畫、浮雕等）也各有不同，由其形式之演變探討中國古建築技術之進化（如仿木宮殿形式建成石材地宮——木構架與石材建築原理不同）。

（三）陵寢與國力、政治發展的關係

陵寢的規模與當時國力（包括軍事、經濟等）強弱、立國性格有關，如秦皇漢武陵寢規模雄偉，東漢帝陵規模則略小。宋代則因開國即崇尚文治，陵寢規模較樸實、縮小。亂世與盛世之陵也大有不同。

（四）歷代陵寢規制、陪葬物所反映的政治理念、社會風俗及文化風格

古人相信祖宗有靈，「祖先崇拜」之習流傳已久，古人對祖先「事死如事生」，陵墓乃其死後住居，佈置需合乎其地位，如戰國時代陵墓依身份有大小等級，到大一統帝國時期，陵寢與宗廟制度更是不可侵犯的皇權象徵。歷朝陵寢規制、陪葬物各受其時代背景、社會文化之影響，而形成一連串時代風格各異的中國文化縮影。例如：

1. 秦漢時期：秦始皇兵馬俑坑反映出秦帝國思想（君權至上，法家強調君主要絕對掌握權、勢、術），其兵器可見當時冶鍊技術之發達。漢代墓出土金縷玉衣則反映出漢人追求永生不朽的觀念。另有漆器、簡牘、絲帛等陪葬物代表了當代的生活習俗。

2. 魏晉時期：佛教傳入中國後對陵寢制度產生的影響、漢族盛行節葬的原因、胡俗的墓塔與潛葬、六朝擇地講求風水（望氣），堪輿之術盛行均為此期值得探討的要項。

3. 唐代：以山為陵，形勢雄壯，有上宮、下宮之別，而陪葬墓群浩大，顯示唐陵區獎勵功臣之政治功用。陵內壁畫、文物則反映當時社會風尚、貴族生活面貌。

4. 宋代：北宋崇尚文治，君臣開明通達，陵寢建造趨向「合理主義」，不似漢唐崇宏其制；南宋因偏安江南，陵的規模很小。宋陵石人、石獸與唐陵石像生風格迥異，顯示唐宋文化特質、藝術風采的不同格調。

5. 元代：胡俗有「萬馬蹴平」之俗，陵地今多不可考，但伊金霍洛的成吉思汗陵及祭典代表蒙古民族文化特色。

6. 明清：皇陵規制因統一帝國的中央集權而發展得更壯觀；由於年代較近陵寢佈局至今依然保存完整，建築宏偉，陵寢封土變成為寶城明樓，陵之內外裝修與陪葬物華麗驚人。

（五）陵寢規建的思想背景

從歷代皇陵的沿革發展，可見禮制、風俗、堪輿（風水）、宗教、人生哲

學、政治思想等等複雜因素對其之影響，而最根深蒂固的是中國人相信「祖宗有靈，可庇護子孫」的觀念，使得陵墓發展愈加完備。

（六）陵寢在中國文化史上的意義、地位與價值

1. 陵寢在建築史上的地位、價值：由於古代宮殿多已無存，陵內地宮則多仿當時宮殿、陵區規制或仿都城，使陵寢成為研究中國建築史的珍貴資料。

2. 陵寢對民族團結與政治文化的影響力：成吉思汗陵為蒙胞精神信仰的象徵、努爾哈赤藉祖墳（金朝陵）被毀而號召族人抗明、唐太宗以其陵陪葬墓獎勵功臣、漢代有陵邑之制（以陵區繁榮成新城市）……均可見陵寢在政治文化上之作用。

3. 陵寢文物蘊藏無數文化史料，值得社會史、經濟史、制度史、宮廷生活史與藝術史研究者探索。

（七）今後陵寢的保護規劃、考古發掘與觀光事業

保護規劃：按史料及古圖復原已毀損部份，而現存部份要加強保護，以防潮濕、鎂光、二氧化碳等參觀人潮帶來的破壞。陵區周圍應儘量避免現代化建築物夾雜。

考古工作：以科學方法探勘、測量未發掘的古陵，並妥善規劃考古發掘工程。另以專業人才作發掘、記錄（包括照像、錄影）、整理出土文物及其研究、典藏工作。

觀光事業：在陵區較遠處設立完整的觀光設施（如停車場、餐廳、旅館、陵區導遊圖書、出土文物之光碟片、複製品銷售部等），並可設陵區博物館及培養通曉各國語言專長中國皇陵的導遊人才。

參考書目

一、史　料

《二十五史》、《資治通鑑》。

有關陵之所在的各通、府、州、縣志。

《各朝會要》。

《古今圖書集成‧方輿彙編‧坤輿典》。

魏文帝敕撰：《皇覽》。

北魏‧酈道元：《水經注》

明‧王在晉：《歷代山陵考》。

清‧朱孔陽輯：《歷代陵寢備考》，江蘇廣陵古籍刻印社影印出版，1990 年。

明‧祁光中：《關中陵墓志》，兩淮鹽政採進本。

明‧韓築、劉允同：《黃陵一覽》，國家圖書館普通線裝書。

清‧潘時彤：《昭烈忠武陵廟志》，國家圖書館普通線裝書。

不著撰人《皇清陵寢風水紀略》，國家圖書館普通線裝書。

清‧布蘭泰：《昌瑞山萬年統志》，國家圖書館普通線裝書。

清‧董恂：《永寧祗謁筆記》，國家圖書館普通線裝書。

清‧董恂：《鳳台祗謁筆記》，國家圖書館普通線裝書。

元‧楊奐：《山陵雜記》，清乾隆間四庫全書本說郛之一（台北故宮博物院善
本舊籍）

清‧畢沅撰、張沛校點：《關中勝蹟圖志》，西安：三秦出版社，2004 年。

二、一般書籍

（一）通論性質

中國民政部編：《中華人民共和國行政區劃簡冊》，北京：中國地圖出版社，2015 年。

張其昀：《中華五千年史》（1~9 冊），台北：中國文化大學出版部，1981 年。

賈虎臣：《中國歷代帝王譜系彙編》，台北：正中書局，1966 年。

黃寶瑜：《中國建築史》，台北：正中書局，1974 年。

葉大松：《中國建築史》，台北：信明出版社，1973 年。

〔日〕伊東忠太著、陳清泉譯補《中國建築史》，台北：台灣商務印書館，1972 年台三版。

〔日〕常盤大定、關野貞：《中國文化史蹟》，東京：法藏館，1939 年。

陝西省文物局西安文物保護修復中心編：《陝西帝陵檔案》，西安：三秦出版社，2010 年。

李允鉌：《華夏意匠》，台北：龍田出版社重印，1982 年。

林黎明、孫忠家：《中國歷代陵寢紀略》，哈爾濱：黑龍江人民出版社，1984 年。

中國國家文物局編：《中國歷史文化名城詞典》（三編），上海辭書出版社，2000 年。

蘇健：《洛陽古都史》，北京：博文書社，1989 年。

黃濂：《中國歷代帝陵》，大連出版社，1997 年。

王重光、陳愛娣：《中國帝陵》，上海古籍出版社，1996 年。

孟斌：《歷代陵墓》，上海書店，2016 年。

張生三：《中華帝陵》，鄭州：中州古籍出版社，1997 年。

曹硯農：《古代帝王陵寢實錄》，長沙：嶽麓書社，1997 年。

惠煥章：《陝西帝王陵》，西安：陝西旅遊出版社，2000 年。

葉驍軍編：《中國墓葬研究文獻目錄》，蘭州：甘肅文化出版社，1994 年。

葉驍軍編：《中國墓葬歷史圖鑑》（上）、（中）、（下），蘭州：甘肅文化出版社，1994 年。

楊寬：《中國古代陵寢制度史研究》，台北：谷風出版社，1987 年。

楊寬：《中國古代陵寢制度史》，上海人民出版社，2008 年。

王雙懷：《陝西帝王陵》，西安出版社，2010 年。

姚京亮等：《洛陽自駕遊》，北京：機械工業出版社，2013 年。

《考古文物工作三十年》，北京：文物出版社，1979 年。

《文物考古工作十年》，北京：文物出版社，1989 年。

《新中國考古五十年》，北京：文物出版社，1999 年。

《中國文物地圖集‧陝西分冊》，北京：中國國家文物局，1998 年。

YouTube《走遍中國 5A 景區》

YouTube《1MM 足跡》

YouTube《小赫旅行日記官方頻道》

YouTube《going 走走 looking 看看》

謝敏聰：《考古大震撼》，台北：梵谷圖書公司，1982 年。

謝敏聰：《中國歷代帝王陵寢考略》，台北：正中書局，1976 年。

謝敏聰編著：《中華歷史圖鑑》，台北：聯經出版事業公司，1978 年。

（二）三皇五帝時期（依三皇五帝時間先後排列）

尚起興、尚驥：《商邱史話》，北京：新華出版社，2001 年。

李乃慶：《太昊陵》，鄭州：中州古籍出版社，2005 年。

酃縣修復炎帝陵工作指揮部、株洲市修復炎帝陵籌備委員會編：《炎帝和炎帝陵》，北京：光明日報出版社，1988 年。

唐家鈞等：《鹿原陂上炎帝陵》，長沙：嶽麓書社，1997 年。

李穎科、柏明：《黃帝與黃帝陵》，西安：西北大學出版社，1990 年。

（三）三代（夏、商、周）

梁思永遺稿、高去尋輯補：《侯家莊第二本 1001 號大墓（上、下）》，台北：中央研究院歷史語言研究所，1963 年。

李濟等編：《安陽發掘報告》（1～4 期），上海市：中央研究院史語所，1930 年。

李濟：《安陽》，北京：中國社會科學出版社，1990 年。

陳旭：《夏商考古》，北京：文物出版社，2001 年。

洛陽市文物管理局：《洛陽大遺址研究與保護》，北京：文物出版社，2009 年。

洛陽市地方史志編委會，《圖說洛陽古墓》，鄭州：大象出版社，2010 年。

陳志達：《殷墟》，北京：文物出版社，2007 年。

安陽旅遊協調小組編：《古都安陽》，河南人民出版社，1987 年。

（四）秦　代

李玉順主編、天水市政協文史資料委員會編：《文化天水》，蘭州：甘肅文化出版社，2006 年。

寶雞先秦陵園博物館編：《雍城秦公一號大墓》，北京：作家出版社，2010 年。

雍際春、吳宏岐：《隴上江南──天水》，西安：三秦出版社，2003 年。

寶鷄城市史編纂小組：《寶雞城市史》，北京：社會科學文獻出版社，1994 年。

禮縣博物館、禮縣秦西垂文化研究會編：《秦西垂文化論集》，北京：文物出版社，2005 年。

徐衛民：《秦公帝王陵》，北京：中國青年出版社，2002 年。

王學理、尚志儒、呼林貴等：《秦物質文物史》，西安：三秦出版社，1994 年。

（五）西　漢

劉慶柱、李毓芳：《西漢十一陵》，西安：陝西人民出版社，1987 年。

劉慶柱：《古代都城與帝陵考古學研究》，北京：科學出版社，2000 年。

李健超：《漢唐兩京及絲綢之路歷史地理論集》，西安：三秦出版社，2007 年。

色伽藍著（Victor Segalen 1878-1919）、馮承鈞譯：《中國西部考古記》，台北：台灣商務印書館，1970 年。

〔日〕足立喜六：《長安史蹟の研究》，東京：東洋文庫，1933 年。

王子雲：《漢代陵墓圖考》，北京：太白文藝出版社，2007 年。

咸陽文物考古研究所編著：《西漢帝陵鑽探調查報告》，北京：文物出版社，2010 年。

梁安和：《五陵原環境變遷與西漢陵寢文化研究》，北京：科學出版社，2016 年。

（六）東　漢

洛陽市第二文物工作隊編：《洛陽漢魏陵墓研究論文集》，北京：文物出版社，2009 年。

吳業恒、史家珍：《考古洛陽》，北京：科學出版社，2019 年。

（七）魏晉南北朝

耿朔、仇鹿鳴編：《問彼嵩洛──中原訪古行記》，北京：中華書局，2019 年。

朱岩石：《圖說北齊高洋墓》，重慶出版社，2006 年。

潘偉斌：《打開北朝之門》，北京：中國國際廣播出版社，2010 年。

〔日〕曾布川寬著、傅江譯：《六朝帝陵》，南京出版社，2004 年。

中國社會科學院考古所、河北省文物研究所：《磁縣灣漳北朝壁畫墓》，北京：
　　科學出版社，2003 年。

高樹森、邵建光編：《金陵十朝帝王州》，北京：中國人民大學出版，1991
　　年。

朱偰：《建康蘭陵六朝陵墓圖考》，北京：中華書局，2006 年。

張璜：《梁代陵墓考》，南京出版社，2010 年。

（民國）中央古物保管委員會編：《六朝陵墓調查報告》，南京出版社，2010
　　年。

薛巍：《六朝石刻》，南京：江蘇鳳凰美術出版社，2018 年。

南京博物院編著，徐湖平主編、邵磊等編著：《南朝陵墓雕刻藝術》，北京：
　　文物出版社，2006 年。

（八）唐

陳安利：《唐十八陵》，北京：中國青年出版社，2001 年。

劉向陽：《唐代帝王陵墓》，西安：三秦出版社，2003 年。

王雙懷：《中國唐代帝陵》，西安：陝西人民出版社，2020 年。

王魯豫：《唐陵石雕藝術》，北京：學苑出版社，1989 年。

程徵、李惠編、王子雲等攝影：《唐十八陵石刻》，西安：陝西人民美術出版
　　社，1988 年。

韓養民：《風水與唐陵》，西安：三秦出版社，2003 年。

陝西省考古研究所、陝西歷史博物館、醴泉縣昭陵博物館編：《唐新城公主墓
　　發掘報告》，北京：科學出版社，2004 年。

周天游主編：《唐墓壁畫研究文集》，西安：三秦出版社，2001 年。

劉慶柱、李毓芳：〈陝西唐陵調查報告〉，《考古學集刊》，1987 年 5 輯。

王世和、樓宇棟：〈唐橋陵勘察記〉，《考古與文物》，1980 年 4 期。

（九）五　代

南唐二陵文物保護管理所編，夏仁琴主編：《南唐歷史文化研究文集》，南京
　　出版社，2015 年。

南京博物院編：《南唐二陵發掘報告》，北京：文物出版社，1953 年。

王瑛：《圖說前蜀永陵》，重慶出版社，2006 年。

（十）宋

河南省文物考古研究所：《北宋皇陵》，鄭州：中州古籍出版社，1997 年。

河南省鞏縣文物管理委員會，傅永魁執筆：《宋陵》，北京：文物出版社，1982
年。

陳朝雲：《南北宋陵》，北京：中國青年出版社，2004 年。

祝煒平等著：《南宋六陵考》，杭州：浙江大學出版社，2014 年。

（十一）遼

閔宣化（牟里 Mullie）著、馮承鈞譯：《東蒙古遼代舊城探考記》，北京：中
華書局，2004 年。

中國人民政治協商會議巴林右旗委員文史資料工作委員會編印：《巴林右旗
文史資料第一輯》，古研整理：〈慶州與白塔〉，縱橫：〈慶州與慶陵〉，1985
年 9 月。

田廣林：《契丹禮俗考論》，哈爾濱出版社，1995 年。

〔日〕田村實造、小林行雄：《慶陵》，日本：京都大學文學部，1952 年。

（十二）金

王德恒：《北京的皇陵與王墳》，北京：中國城市社會經濟出版社，1990 年。

北京遼金城垣博物館編：《北京遼金文物研究》，北京：燕山出版社，2005 年。

楊亦武：《圖說房山文物》，北京：燕山出版社，2005 年。

楊亦武：《房山歷史文物研究》，北京：奧林匹克出版社，1999 年。

北京市文物研究所編：《北京金代皇陵》，北京：文物出版社，2006 年。

（十三）西夏

銀川西夏陵區管理處編：《西夏陵突出普遍價值研究》，北京：科學出版社，
2013 年。

（十四）元

道潤梯步譯校：《蒙古源流》，內蒙古人民出版社，2007 年第二版。

許全勝校注：《黑韃事略校注》，蘭州大學出版社，2014 年。

朱耀廷：《一代天驕——成吉思汗傳》，台北：遠流出版公司，2002 年。

（十五）明

王劍英：《明中都》，北京：中華書局，1992 年。

王劍英:《明中都研究》,北京:中國青年出版社,2005 年。

夏玉潤、吳庭美:《鳳陽古今》,合肥:黃山書社,1986 年。

南京博物院編:《明孝陵》,北京:文物出版社,1981 年。

黃濂:《明代十八陵》,大連出版社,1999 年。

王煥鑣:《明孝陵志》,南京出版社重印。

胡漢生:《明長陵》,北京:燕山出版社,2010 年。

胡漢生:《明朝帝王陵》,北京:學苑出版社,2013 年。

王其亨主編:《明代陵墓建築》,北京:中國建築工業出版社,2000 年。

劉毅:《明代帝王陵墓制度研究》,北京:人民出版社,2006 年。

高建軍:《明陵行宮翬華城》,北京:中國文聯出版社,2017 年。

Ann Paludan: "*The Imperial Ming Tombs*", Yale University Press. 1981.

（十六）清

中國第一歷史檔案館、朱金甫主編:《清代帝王陵寢》,北京檔案出版社,1982 年。

于善浦:《清東陵大觀》,石家莊:河北人民出版社,1985 年。

于善浦:《清代帝后的歸宿》,北京:紫禁城出版社,2006 年。

于善浦:《清東陵》,北京:中國建築工業出版社,2016 年。

于善浦等著《清東陵》,中國人民政治協商會議、唐山市委員會文史資料委員會,1991 年。

崔晗主編《大清裕陵聖德神功碑》,北京:團結出版社,2017 年。

徐廣源:《大清皇陵祕史》,北京:學苑出版社,2010 年。

徐廣源:《清朝皇陵探奇》,北京:新世界出版社,1998 年。

王其亨主編:《清代陵墓建築》,北京:中國建築工業出版社,2003 年。

陳寶蓉編著:《清西陵縱橫》,石家莊:河北人民出版社,1987 年。

三、參考論文目錄

黃展岳:〈說墳〉,《文物》,1981 年第 2 期。

吳順東:〈九疑山舜帝陵廟之發掘及沿革匯考〉,《中國文物報》,2007 年 8 月 1 日。

王世民:〈中國春秋戰國時代的冢墓〉,《考古》,1987 年第 5 期。

徐蘋芳:〈中國秦漢魏晉南北朝時代的陵園和塋域〉,《考古》,1981 年第 6 期。

楊寬：〈中國古代陵寢制度的起源及其演變〉，《復旦大學學報》，1981 年 5 期。

黃展岳：〈中國西安、洛陽漢唐陵墓的調查與發掘〉，《考古》，1981 年 6 期。

徐蘋芳：〈中國秦漢魏晉南北朝時代的陵園和塋城〉，《考古》，1981 年 6 期。

楊寬：〈先秦墓上的建築和陵寢制度〉，《文物》，1982 年 1 期。

楊寬等：〈秦漢陵墓考查〉，《復旦大學學報》，1982 年 6 期。

杜葆仁：〈西漢諸陵位置考〉，《考古與文物》，1980 年創刊號。

陝西省文物管理委員會：〈陝西省興平縣茂陵勘查〉，《考古》，1964 年 2 期。

馬子雲：〈西漢霍去病墓石刻記〉，《文物》，1964 年 1 期。

王志杰：〈漢茂陵及陪葬冢附近新發現的重要文物〉，《文物》，1976 年 7 期。

陝西省文管會：〈陝西省咸陽市楊家灣漢墓發掘簡報〉，《文物》，1977 年 10 期。

焦南峰：〈試論西漢帝陵的建設理念〉，《考古》，2007 年 11 期。

陳長安：〈洛陽邙山東漢陵試探〉，《中原文物》1982 年 3 期。

黃明蘭：〈東漢光武帝原陵淺談〉，《今昔談》，1982 年 2 期。

李燦：〈亳縣曹操宗族墓葬墓〉，《文物》，1978 年 8 期。

蔣若是：〈從「荀岳」「左棻」兩墓誌中得到的晉陵線索和其他〉，《文物》，1961 年 10 期。

南京博物院：〈南京富貴山東晉墓發掘報告〉，《考古》，1966 年 4 期。

南京博物院：〈江蘇丹陽胡橋南朝大墓及石磚刻壁畫〉，《文物》，1974 年 2 期。

南京博物院：〈江蘇丹陽胡橋建山兩座南朝墓葬〉，《文物》，1980 年 2 期。

朱偰：〈丹陽六朝陵墓石刻〉，《文物參考資料》，1956 年 3 期。

羅宗真：〈南京西善橋油坊村南朝大墓的發掘〉，《考古》，1963 年 6 期。

大同市博物館、山西省文物工作委員會：〈大同方山北魏永固陵〉，《文物》，1978 年 7 期。

郭建邦：〈洛陽北魏長陵遺址調查〉，《考古》，1966 年 3 期。

黃明蘭：〈洛陽北魏景陵位置的確定和靜陵位置的推測〉，《文物》，1978 年 7 期。

宿白：〈北魏洛陽城和北邙陵墓〉，《文物》，1978 年 7 期。

馬忠理：〈磁縣北朝墓群〉，《文物》，1994 年 11 期。

中國社會科學院考古研究所鄴城考古隊等：〈河北磁縣灣漳北朝墓〉，《考古》，1990 年 7 期。

李蔚然：〈南京富貴山發現晉恭帝石碣〉，《考古》，1961 年 5 期。

賀梓成：〈關中唐十八陵調查記〉，《文物資料叢刊》，1980 年 3 期。

陝西省文管會：〈唐乾陵勘查記〉，《文物》，1960 年 4 期。

允時：〈昭陵〉，《文物》，1977 年 10 期。

陝西省文管會：〈唐永泰公主墓發掘簡報〉，《文物》，1964 年 1 期。

昭陵文管所：〈昭陵陪葬墓調查記〉，《文物》，1977 年 10 期。

劉慶柱、李毓芳：〈陝西唐陵調查報告〉，《考古學集刊》，1987 年 5 輯。

鞏啟明：〈唐獻陵踏查記〉，《文博》，1999 年 1 期。

陝西省文管會：〈唐乾陵勘查記〉，《文物》，1960 年 4 期。

陝西省文管會：〈唐建陵探測工作簡報〉，《文物》，1965 年 7 期。

張崇德：〈唐代建陵及其石刻〉，《考古與文物》，1988 年 3 期。

陝西省文管會：〈唐橋陵調查簡報〉，《文物》，1966 年 1 期。

王世和、樓宇棟：〈唐橋陵勘查記〉，《考古與文物》，1980 年 4 期。

涇陽縣文教局：〈唐貞陵調查記〉，《文博》，1986 年 6 期。

陝西省博物館等：〈唐懿德太子墓發掘簡報〉，《文物》，1972 年 7 期。

安崢地：〈唐房陵大長公主墓清理簡報〉，《文博》，1990 年 1 期。

富平縣文化館等：〈唐李鳳墓發掘簡報〉，《考古》，1977 年 5 期。

昭陵博物館：〈唐昭陵長樂公主墓〉，《文博》，1988 年 3 期。

昭陵博物館：〈唐昭陵段簡璧墓清理簡報〉，《文博》，1989 年 6 期。

昭陵文管所：〈唐尉遲敬德墓發掘簡報〉，《文物》，1978 年 5 期。

陝西省文管會：〈陝西醴泉唐張士貴墓〉，《考古》1978 年 3 期。

陝西省考古所等：〈唐昭陵新城長公主墓發掘簡報〉，《考古與文物》，1997 年
　　3 期。

醴泉縣文教局：〈唐鄭仁泰墓發掘簡報〉，《文物》，1972 年 7 期。

陝西省文管會：〈唐阿史那忠墓發掘簡報〉，《考古》1977 年 2 期。

陝西省文管會、昭陵文管所：〈唐臨川公主墓出土的墓誌和詔書〉，《文物》，
　　1977 年 10 期。

昭陵博物館：〈唐安元壽夫婦墓發掘簡報〉，《文物》，1988 年 12 期。

昭陵文管所：〈唐越王李貞墓發掘簡報〉，《文物》，1977 年 10 期。

昭陵博物館：〈唐李承乾墓發掘簡報〉，《文博》，1989 年 3 期。

陝西省文管會：〈唐永泰公主墓發掘簡報〉，《文物》，1964 年 1 期。

廖彩梁：《〈大唐故永泰公主誌銘〉新釋及永泰公主之死》，《文博》，1984 年 3 期。

陝西省博物館等：〈唐章懷太子墓發掘簡報〉，《文物》，1972 年 7 期。

中科院考古所河南第二工作隊等：〈唐恭陵實測紀要〉，《考古》，1986 年 5 期。

陝西省考古研究所：〈唐順陵勘查記〉，《文物》，1964 年 1 期。

鄭娜娜：〈北宋皇室陵寢的管理〉，《北京師範大學碩士論文》，2012 年 6 月 4 日。

傅永魁：〈鞏縣宋八陵〉，《河南文博通訊》，1980 年 3 期。

賈洲杰：〈內蒙古昭盟遼太祖陵調查散記〉，《考古》，1966 年 5 期。

董新林：〈遼祖陵陵制度初步研究〉，《考古學報》，2020 年 3 期。

寧夏回族自治區博物館：〈西夏八號陵發掘簡報〉，《文物》，1978 年 8 期。

牛達生：〈西夏陵園〉，《考古與文物》，1982 年 6 期。

白雲梯：〈蒙胞祭祖〉，台北：《聯合報》，1978 年 4 月 23 日。

席慕蓉：〈伊金霍洛與達爾哈特〉，台北：《中國時報》，2001 年 5 月 3 日。

劉敦楨：〈明長陵〉，《中國營造學社匯刊》第四卷第二期，1933 年 6 月。

劉毅：〈明代皇陵陵園結構研究〉，《北方文物》，2002 年第 4 期。

其他各種參考書目、專論未盡事宜之處，請見各章之註